«I GRILLI»

CHRISTIAN BOIRON

SIAMO TUTTI FATTI PER ESSERE FELICI

Prefazione di Matthieu Ricard

Sperling & Kupfer

Traduzione di Andrea Mazza
Nous sommes touts *faits pour être heureux*

ISBN 978-88-200-4988-1
61-I-11

Si ringrazia Sergio Orrao per la traduzione della Prefazione di Matthieu Ricard.

L'illustrazione a p. 222 è di ALE+ALE.

Le informazioni contenute in questo libro non intendono sostituirsi al parere professionale del vostro medico curante. L'utilizzo di qualsiasi informazione qui riportata è a discrezione del lettore. L'editore si sottrae a qualunque responsabilità diretta o indiretta derivante dall'uso o dall'applicazione di qualsivoglia indicazione riportata in queste pagine. Per ogni problema specifico si raccomanda di consultare uno specialista.

Indice

PARTE TERZA

Nuove prospettive

Prefazione

*di Matthieu Ricard**

RISCOPRIRE in noi il potenziale grazie a cui potremo godere di un'esistenza piena e soddisfacente: è questo uno dei temi dominanti del nuovo libro di Christian Boiron, tema già brillantemente trattato nel suo *Le ragioni della felicità*.**

Boiron è uno degli autori che ha saputo meglio illustrare la differenza fondamentale tra «piacere» e «felicità», due concetti che, pur non essendo contraddittori, sono talvolta ritenuti equivalenti, mentre non lo sono affatto. La credenza secondo cui la felicità sarebbe costituita da una serie interminabile di sensazioni piacevoli, sembra descrivere un processo che conduce allo sfinimento, più che una ricetta per la felicità.

Il piacere, recita un proverbio induista, non è che l'ombra della felicità. È causato direttamente da stimoli gradevoli di genere

* Matthieu Ricard, nato nel 1946, si è laureato in Biologia molecolare all'Istituto Pasteur sotto la direzione del professor François Jacob. Agli inizi degli anni Settanta abbandona una brillante carriera scientifica per convertirsi e poi dedicarsi totalmente al buddismo. Ordinato monaco nel 1978, diventa l'interprete francese del Dalai Lama, che accompagna spesso nei suoi viaggi. È autore di numerose pubblicazioni tra le quali *Il monaco e il filosofo* con Jean-François Revel (2000), *Il gusto di essere felici* (2008) e *L'arte della meditazione* (2009), queste ultime due edite in Italia da Sperling & Kupfer.

** Christian Boiron, *Le ragioni della felicità*, Franco Angeli, Milano 2006.

sensoriale, estetico o intellettuale. L'esperienza evanescente del piacere dipende da circostanze, luoghi e momenti privilegiati. È di natura instabile, e la sensazione che produce può rapidamente trasformarsi in neutra o sgradevole. Parimenti, la sua ripetizione lo rende spesso insipido, se non addirittura disgustoso: mangiare una squisitezza è di sicuro fonte di piacere, ma dopo esserci saziati quello stesso piatto ci risulterà indifferente, e se continuassimo a ingurgitarne a forza ci verrebbe il voltastomaco. Lo stesso discorso vale per un bel focolare: se siamo intirizziti, riscaldarci sarà un godimento, ma a un certo punto bisognerà che ci spostiamo per non scottarci.

Il piacere si estingue man mano che lo si sperimenta, si consuma come una candela. È quasi sempre legato a una certa azione, e la sua ripetizione porta spontaneamente al tedio. Come segnala la mia guida spirituale Dilgo Khyentse Rinpoche: «I piaceri ordinari inizialmente sono gradevoli, ma con il passar del tempo si trasformano in una fonte crescente di tormento. È come avvolgersi il polso con una striscia di cuoio umido. All'inizio potrebbe risultare piacevole ma, una volta seccato, il cuoio si restringerebbe costringendo dolorosamente le articolazioni, e allora l'unico modo di trovare sollievo sarebbe sbarazzarsene con una coltellata!»

Peraltro, il piacere è un'esperienza individuale, centrata su se stessi, ragion per cui può facilmente accompagnarsi al difetto dell'egocentrismo, ed entrare in conflitto con il benessere altrui. Si può trarre piacere a scapito degli altri, ma ciò non può condurre alla vera felicità. Il piacere può coniugarsi con la cattiveria, la violenza, l'orgoglio, l'avidità e altri stati mentali incompatibili con un'autentica felicità. «Il piacere è la felicità degli sciocchi, la felicità il piacere dei saggi», scriveva Barbey d'Aurevilly.

La ricerca esacerbata e quasi meccanica del piacere dei sensi è un altro esempio di godimento che va di pari passo con l'ossessione, l'avidità, l'inquietudine e, in definitiva, il disincanto. Come ben descritto dal poeta scozzese Robert Burns, nella maggior parte dei casi il piacere non mantiene le sue promesse:

Ma i piaceri sono come papaveri aperti,
(cogli il fiore: i petali cadono!);
o come la neve che cade nel fiume,
per un poco bianca, poi si scioglie per sempre.

Al contrario del piacere, la vera felicità scaturisce dall'interno. Benché possa essere influenzata dalle circostanze, non ne è vittima. Lungi dal trasformarsi nel suo opposto, perdura e si accresce via via che la si sperimenta. Produce una sensazione di pienezza che, con il passare del tempo, si trasforma in una caratteristica fondamentale del nostro temperamento.

Una tale felicità è una «condizione esistenziale», uno stato di profondo equilibrio emotivo che è a sua volta il risultato della comprensione approfondita del funzionamento della mente. Mentre i piaceri ordinari si producono tramite il contatto con oggetti gradevoli, e terminano col cessare del contatto, la felicità viene sperimentata per tutto il tempo in cui ci manteniamo in armonia con la nostra natura profonda.

Come dice il Dalai Lama: «Ogni genere di felicità e di sofferenza può essere ricondotto a due categorie: quella che appartiene alla mente e quella che appartiene al corpo. Nella maggior parte dei casi, è la mente ad assumere un ruolo determinante nelle sensazioni di benessere e di malessere. Al suo confronto, il peso della condizione fisica è secondario, eccezione fatta per le condizioni di grave malattia o di assoluta indigenza. Per contro, la mente può essere influenzata dagli eventi meno significativi. Ecco perché è necessario dirigere i nostri sforzi alla pace della mente, anziché all'agiatezza del corpo».

Per farla breve, e tornare al messaggio di Christian Boiron, non c'è una relazione diretta fra il piacere e la felicità. Avere una famiglia e una casa, essere ammirati, ricchi, in buona salute; vivere una relazione sentimentale, godere della buona tavola, avere un lavoro (o poter non lavorare), sguazzare nel mare, abbronzarsi al sole... tutto questo è molto piacevole, ma non costituisce la vera felicità. Perlomeno, la felicità intesa come quella sensazione di appagamento che scaturisce dall'assenza di uno stato di urgenza cronica. Si può essere felici nella malattia e nella povertà; si può essere brutti ma felici. Piacere e felicità sono sensazioni di natura e livello differenti.

Inoltre, i piaceri possono essere vissuti in modo assolutamente egoistico, e non estendersi verso il prossimo, come invece accade con la felicità. E non sono di nessun aiuto per accrescere qualità umane come la benevolenza, la fiducia, la generosità, l'etica eccetera.

Ciò detto, il piacere, differente per sua stessa natura dalla felicità, non può essere considerato il suo nemico. Tutto dipende dal modo in cui è vissuto. Se ostacola la libertà interiore, ovviamente ostacola anche la felicità; se invece viene vissuto sulla base di una perfetta libertà interiore, ne è l'ornamento senza per questo oscurarla. Un'esperienza sensoriale piacevole, sia questa di carattere visivo, auditivo, tattile, olfattivo o gustativo, non potrà ostacolare la felicità, a meno che non sia contaminata dall'attaccamento e generi sete e dipendenza. Il piacere si fa sospetto allorché ne deriva il bisogno insaziabile della sua ripetizione.

Se invece viene vissuto perfettamente nel presente, come un uccello che attraversa il cielo senza lasciare traccia, non alimenta nessuno dei meccanismi ossessivi, delle tipiche sensazioni di costrizione, fatica e disillusione che di norma accompagnano il fissarsi sui piaceri dei sensi. Il non-attaccamento, di cui parleremo in seguito, non è un rifiuto ma una libertà che prende il sopravvento allorché smettiamo di afferrarci alle cause stesse della sofferenza. In una condizione di pace interiore, di consapevolezza lucida delle modalità di funzionamento della mente, un piacere che non intacca la felicità non è quindi né indispensabile né temibile.

Lo stesso discorso vale per le differenze tra dispiacere e sofferenza. Secondo il Dalai Lama, «possiamo distinguere due diversi tipi di sofferenze: quelle fisiche, causate dalla malattia, dalla fame o da altri problemi spesso indipendenti dalla nostra volontà, e quelle mentali, come la paura, il dolore eccetera. In numerosi casi è possibile sopportare, se non addirittura vincere, la sofferenza fisica grazie al potere della mente. Ma nel caso delle sofferenze mentali, non è possibile alleviarle intervenendo unicamente sul corpo, poiché il responsabile ultimo dell'infelicità, come della felicità, è in realtà la nostra mente».

La ricerca del piacere è una componente, sempre elusiva e insoddisfatta, di una felicità edonista, mentre approfondire la felicità autentica, il «ben essere», corrisponde alla realizzazione di una felicità di carattere «eudemonico», ovvero una felicità che si affida al significato, alla sensazione di pienezza, alla comprensione degli eventi mentali, alla capacità di gestire le emozioni, e soprattutto all'amore altruistico. Per quanto concerne quest'ultimo aspetto, la ricerca di una «felicità egoista» è un'impresa votata al fallimento, poiché questi due concetti si escludono a vicenda.

Rinchiudersi nella bolla dell'Io è il miglior modo per assicurarsi una vita miserevole, nel corso della quale renderemo infelici anche le persone che ci circondano. È una posizione perdente in partenza. Come se ciò non bastasse, l'egocentrismo costituisce un modo precario e pericoloso di rapportarsi con la realtà, che è per sua stessa natura interdipendente.

Per contro, l'altruismo è uno stato mentale profondamente gratificante, in perfetta armonia con la realtà. Ecco perché non è disfunzionale come l'egoismo e genera benefici inesauribili a noi e agli altri.

Per il buddismo, la vera felicità, *sukha*, è caratterizzata da uno stato di benessere che è il prodotto di una mente eccezionalmente sana e serena. È una qualità che sottende e impregna ogni esperienza, ogni comportamento, accogliendo tutte le gioie e tutti i dolori e donandoci le risorse interiori per far fronte alle problematiche dell'esistenza. È una felicità talmente profonda che «niente potrebbe turbarla, come le vaste distese d'acqua che restano immobili al di sotto delle tempeste», tanto per citare la formulazione occidentale di Georges Bernanos. Si tratta inoltre della realizzazione della saggezza, che ci libera dai veleni della mente, e della conoscenza, che ci affranca da ogni percezione illusoria della natura delle cose. La felicità è in realtà il risultato di un insieme di qualità umane fondamentali come la benevolenza, la pace interiore, la forza d'animo e la facoltà di gestire in modo intelligente pensieri ed emozioni: tutte qualità che possono essere *coltivate* addestrando la mente.

L'esperienza dei contemplativi, esattamente come le ricerche condotte nell'ambito delle neuroscienze da una quindicina d'anni, hanno in effetti dimostrato che qualità umane di valore assoluto come l'attenzione, l'amore altruistico e l'equilibrio emotivo possono essere coltivate deliberatamente. Per dirla con le parole di Richard Davidson, dell'Università del Wisconsin, a Madison: «Questi lavori sembrano dimostrare che il cervello può essere addestrato e plasmato fisicamente secondo modalità che ben pochi avrebbero osato immaginare».

Nel cervello non c'è una sorta di «centro della felicità», ma ognuna delle caratteristiche che contribuiscono a ciò che abbiamo definito «vera felicità» è associata a reti neuronali particolari, che possono essere rinforzate tramite l'esperienza e l'allenamento.

Ognuno di noi dispone del potenziale necessario per liberarsi dagli stati mentali che producono sofferenza a livello individuale e collettivo, così da trovare la pace interiore e contribuire al benessere altrui. Peraltro, siamo soliti sottovalutare il potere di trasformazione della nostra mente. È questo uno dei drammi della nostra epoca: d'istinto, riponiamo gran parte delle nostre speranze e dei nostri timori nelle circostanze esteriori, finendo per trascurare le fondamenta interiori della felicità più autentica.

Christian Boiron ha voluto dedicare molte pagine alla gestione delle emozioni. Si sente spesso dire che il buddismo in generale, e la meditazione in particolare, mirano a sopprimere le emozioni. Tutto dipende da ciò che intendiamo con questo termine. Se si tratta di pulsioni negative, come l'odio e la gelosia, perché non volersene sbarazzare? E se invece parliamo di un forte sentimento d'amore altruistico o di compassione nei confronti di chi soffre, perché non provare a svilupparlo? Comunque sia, è proprio questo lo scopo della meditazione.

Essa ci insegna a gestire le fiammate di collera malevola o di gelosia, le ondate incontrollate del desiderio e le paure irragionevoli. Ci libera dal diktat degli stati mentali che oscurano la nostra capacità di giudizio e sono all'origine di infiniti tormenti. Vengono chiamate «tossine mentali», perché si tratta di condizioni che intossicano non solo la nostra esistenza, ma anche quella degli altri.

Possiamo definire emozione tutto ciò che agita la mente, spingendola verso un pensiero dannoso, neutro o benefico. È l'emozione a condizionare la mente, così da farle adottare una certa prospettiva e una certa visione delle cose. Nel caso dell'amore altruistico e della compassione, tale visione può essere conforme alla realtà, mentre odio e avidità la deformano considerevolmente. Per esempio, amore altruistico significa prendere coscienza del fatto che tutti gli esseri desiderano, proprio come noi, essere liberi dalla sofferenza, e si basa sul riconoscimento della loro fondamentale interdipendenza, cui partecipiamo. L'odio funziona nel modo opposto: deforma la realtà e amplifica i difetti del suo oggetto, ignorandone le qualità. Parimenti, l'avidità ci fa percepire il suo oggetto come qualcosa di assolutamente desiderabile, impedendoci di riconoscerne gli aspetti negativi. Dobbiamo quindi ammettere che alcune emozioni sono perturbatrici, e altre risultano invece positive. Se un'emozione rinforza la nostra pace interiore e ci spinge ad agire per il benessere altrui, possiamo considerarla positiva, o costruttiva; se invece distrugge la nostra serenità, turba profondamente la mente e ci porta a nuocere al prossimo, è negativa, o perturbatrice. È ciò che differenzia per esempio una vigorosa indignazione, una «santa collera», di fronte all'ingiustizia di cui siamo testimoni, da una collera motivata solo dall'intenzione di danneggiare qualcuno.

Nessuno quindi ci chiede di sforzarci di far sparire le emozioni, il che sarebbe comunque vano, ma di fare in modo che contribuiscano alla nostra pace interiore e ci spingano a pensare, parlare e agire in maniera benevola nei confronti del prossimo. Per riuscirci dobbiamo impedire d'esserne la marionetta impotente, provando a lasciar dissolvere quelle distruttive via via che si manifestano, e coltivando invece quelle costruttive.

Se impariamo a gestire le emozioni nel modo migliore, a poco a poco, di emozione in emozione, di giorno in giorno, finiremo per trasformare il nostro modo d'essere. È questa l'essenza dell'addestramento mentale e della meditazione sulle emozioni.

Christian Boiron ha voluto commentare il mio saggio, *Il gusto di essere felici*,* con queste parole: «Giungiamo alle stesse conclusioni, alle stesse proposte, anche se per strade assai diverse.

* Matthieu Ricard, *Il gusto di essere felici*, cit.

Naturalmente non ci troviamo d'accordo su tutto, almeno nella forma...» Posso dire altrettanto della mia lettura entusiastica di questo suo libro. La mia e la sua esplorazione della felicità procedono di pari passo, si sovrappongono e si arricchiscono reciprocamente, anche se talvolta la pensiamo diversamente su alcuni aspetti non trascurabili. Christian Boiron sottolinea in particolare l'importanza di un Creatore, i cui disegni consentono la realizzazione della felicità, mentre da un lato la mia formazione scientifica mi ha portato a considerare le cose sotto la prospettiva dell'evoluzione biologica, e dall'altro la pratica contemplativa buddista mi ha indotto a esaminarle secondo la prospettiva dell'addestramento della mente attraverso la pratica meditativa.

Non dobbiamo dimenticare che secondo il buddismo la realizzazione spirituale consiste nel pieno sbocciare del potenziale di perfezione presente in ogni essere, ovvero la sua «natura Buddha». Non si tratta quindi di tentare di purificare qualcosa di fondamentalmente negativo – il che sarebbe altrettanto vano che provare a sbiancare un pezzo di carbone – ma di lucidare scrupolosamente una pepita d'oro, così da restituirne il pieno splendore. Come dice Christian Boiron, ciò che sembrerebbe essere una *costruzione* non è nient'altro che l'eliminazione graduale di tutto ciò che maschera tale potenziale, e ostacola l'irradiarsi della conoscenza e della gioia di vivere. Il fulgore del sole non è mai spento dalle nuvole, che possono soltanto nasconderlo ai nostri occhi.

Non è forse questo il bottino degli esploratori, raggiungere al termine di un viaggio ben condotto arcipelaghi indubbiamente diversi, ma anche ricchi di meraviglie?

Introduzione

Un giorno, un anziano professore universitario fu ingaggiato per tenere un seminario sulla pianificazione efficace del tempo a un gruppo di dirigenti di alto livello. Era uno dei cinque incontri previsti in quella giornata, pertanto il relatore aveva a disposizione solo un'ora.

In piedi dinanzi a una platea tanto selezionata, che pendeva dalle sue labbra, il professore fissò i presenti a uno a uno, lentamente, e poi annunciò: «Facciamo un esperimento».

Da sotto la cattedra estrasse un ampio vaso di vetro, di quelli che si usano per le conserve, e lo posò sul ripiano. Poi tirò fuori una dozzina di grossi sassi, che depositò delicatamente nel recipiente. Quando questo fu pieno fino all'orlo, l'anziano docente sollevò lo sguardo verso i suoi alunni e chiese: «È pieno?»

E tutti in coro: «Sì».

L'uomo attese qualche secondo e obiettò: «Sicuri?»

Si chinò nuovamente ed estrasse da sotto la cattedra un secondo recipiente, colmo stavolta di ghiaia. Con cura, la versò sui ciottoli, scuotendo leggermente il grosso vaso. I sassolini occuparono lo spazio fra quelli più grossi.

Il professore guardò il suo pubblico e domandò: «È pieno, *adesso*?»

Stavolta i suoi allievi, piuttosto svegli, iniziarono a comprendere dove volesse andare a parare. «Mi sa di no», azzardò uno di loro.

«Molto bene», rispose il docente.

Si chinò una terza volta per estrarre da sotto la cattedra una pentola piena di sabbia. Con circospezione iniziò a versarla nel vaso di vetro. I granelli di sabbia andarono a riempire gli interstizi fra i ciottoli e i sassolini.

«Ora è pieno?» li interpellò. Ma questa volta, senza esitazioni, quei brillanti allievi dissero in coro: «No!»

«Bene!»

E, proprio come si attendeva l'illustre platea, prese la brocca posta sulla cattedra e riempì d'acqua il vaso fino all'orlo. A quel punto scrutò gli astanti e chiese: «Qual è la grande verità che questo esperimento ci dimostra?»

Con prontezza, e ripensando al tema del seminario, il più brillante del gruppo rispose: «Ci dimostra che anche quando uno crede di non avere più un momento libero, se vuole davvero riesce sempre a trovare il modo di aggiungere qualche appuntamento in più, o qualcosa da fare».

«No», ribatté il relatore. «È questa: se non si mettono nel vaso prima i sassi più grandi, poi non si riuscirà mai a farceli stare tutti.»

L'aula piombò nel silenzio: ciascuno si era reso improvvisamente conto di quanto ciò fosse ovvio.

«Nelle vostre vite», proseguì l'uomo, «quali sono i sassi più grandi? La salute? La famiglia? Gli amici? La realizzazione dei vostri sogni? Fare ciò che vi piace? Imparare? Sostenere una causa? Rilassarvi? Avere tempo a disposizione? O... qualcos'altro? Di qualunque cosa si tratti, ciò che conta è ricordare quanto sia importante *pensare prima ai sassi più grandi*, altrimenti si rischia di non vivere appieno la vita. Se si dà la priorità alle quisquilie (la ghiaia, la sabbia) si finisce per esserne sommersi e non si ha più il tempo di occuparsi di ciò a cui si tiene davvero. Ecco, non dimenticate mai di chiedervelo: 'Nella mia vita, i sassi più grossi quali sono?' E a quel punto infilateli nel vaso, cioè nella vostra vita, per primi.»

L'anziano fece un cenno di saluto al suo uditorio e uscì a passi lenti dall'aula. Avrebbe potuto aggiungere: «Non state neppure a cercarli, i sassi più grandi; li troverete lungo la strada. Abbiate fiducia e lasciatevi guidare dai vostri desideri più profondi. Saranno loro a dare un senso alla vita».

Quei sassi sono gli obiettivi dell'esistenza, sono i progetti che facciamo e, nell'insieme, costituiscono ciò che può essere definito il «senso della vita».

Il neuropsichiatra austriaco Viktor Emil Frankl (1905-1997) si è interamente dedicato a questo argomento. Già nel 1921, all'età di sedici anni, tenne la sua prima conferenza sul senso dell'esistenza, e appena ventenne corrispondeva con Freud; in seguito si laureò in medicina e approfondì gli studi di psicologia, dando vita alla «terza scuola viennese». Dopo quella freudiana, che reputa fondamentale per l'essere umano il piacere, e quella adleriana, che sostiene il bisogno di potenza, la scuola di Frankl afferma invece che ciò di cui l'uomo ha assoluto bisogno è un senso. Il suo metodo psicoterapeutico, cui diede il nome di «logoterapia», persegue il senso di compimento (creare un'opera), il senso d'amore (realizzarsi nell'amore per gli altri) e il senso della sofferenza (trovare un senso a una sofferenza imposta dall'esterno).

Lo scienziato affinò le proprie tesi nel campo di concentramento di Auschwitz dove era stato deportato, e successivamente le espose nel libro che l'avrebbe reso celebre a livello mondiale: *Alla ricerca di un significato della vita.** Dare un senso alla propria esistenza può renderci felici anche nelle peggiori condizioni materiali e di salute, sono le sue conclusioni; viceversa, l'assenza di un progetto di vita rischia di generare un vuoto esistenziale distruttivo anche sul piano fisico.

Il libro di Frankl è stato oggetto di numerosissime edizioni ed è stato tradotto in ventidue lingue: un vero e proprio plebiscito universale.

Eppure questa visione è ben lungi dall'essere pienamente accettata. Le viene preferita, a torto, la cultura dei piaceri materiali, o quella del potere, o quella della seduzione... La felicità è lì, a portata di mano, eppure non lo sappiamo, o non la vediamo.

E dire che siamo stati fatti proprio per quello... Ma allora, che cosa aspettiamo?

* Viktor Emil Frankl, *Alla ricerca di un significato della vita*, Mursia, Milano 1974.

PARTE PRIMA

Fatti per essere felici

Che cos'è la felicità? Tutti crediamo di saperlo

E invece, non c'è nulla di più vago. Tant'è vero che, fin dalla notte dei tempi, due persone che discutono di felicità non parlano praticamente mai della medesima cosa.

Per risparmiarvi lunghe ricerche e delusioni, vi propongo subito la definizione che, allo stato attuale, mi pare la più coerente, quella che consente di tener conto al tempo stesso di osservazione, intuizioni e perfino di scoperte scientifiche recenti.

La definizione della felicità

La felicità è lo stato radioso di chi riesce a esprimere il proprio essere profondo, a vivere il proprio destino personale, a dare un senso alla propria vita, a divenire l'eroe di se stesso, a «volare ogni giorno più in alto»,* a sentirsi ogni giorno più libero.

* Allusione al libro di Richard Bach, *Il gabbiano Jonathan Livingston*, Rizzoli, Milano 1976.

Tutti possiamo conseguire questo stato, la capacità è insita in ognuno di noi. E c'è un'altra buona notizia: ora cominciamo a capire il meccanismo della felicità, conosciamo dinamiche che fino a poco fa ignoravamo completamente. Sin dagli albori dell'umanità ne avevamo scoperto qualche traccia in modo del tutto empirico, ma oggi è subentrata la scienza, mostrandoci ciò che prima non potevamo neppure immaginare.

Siamo tutti fatti per essere felici

Ogni essere umano nasce con questa potenzialità. Grazie alla psicologia e alle attuali conoscenze sulla fisiologia del cervello oggi è possibile raggiungere più rapidamente e intensamente uno stato di felicità.

1

Felicità: il «piacere» più alto che il nostro cervello ci possa dare

Per cogliere il meccanismo della felicità, ma anche degli altri piaceri, occorre anzitutto riconoscere che l'uomo è una sofisticata macchina creata da un essere che noi, per convenzione, chiamiamo Dio.

Per funzionare efficacemente, e per rispondere ai desideri del Creatore, quella macchina è stata dotata di sensazioni, gratificanti o sgradevoli, che la guidano incessantemente. La felicità fa parte delle gratificazioni, naturalmente, così come gli altri piaceri. Sul lato opposto abbiamo invece il malessere e la sofferenza psichica e fisica.

L'intero meccanismo è gestito dal cervello, che non è affatto un organismo tutto d'un pezzo, come si potrebbe credere.

Le mie fonti scientifiche

Henri Laborit (1914-1995) è un eminente ricercatore francese, assurto a notorietà mondiale come il padre delle prime sostanze psicotrope (farmaci attivi sulla psiche e sull'umore), nonché autore di importanti studi scientifici e filosofici.

Laborit, al di là dell'opera che ha svolto sul piano farmacologico (scoperta e categorizzazione degli «stati di emergenza dell'istinto» negli animali, studio e messa a punto di farmaci psicotropi – primo tra i quali la cloropromazina), ha aperto una strada molto feconda in psicologia e filosofia, senza però approfondirla molto.

Ci ha pensato Jacques Fradin, che nel corso degli ultimi quindici anni ha progressivamente elaborato un nuovo modello di analisi del funzionamento della psiche: la psicofisioanalisi. Questo modello tiene conto degli ultimi ritrovati delle neuroscienze, dalla biologia comportamentale alle scienze cognitive (laddove, per «cognitivo», si intende ciò che ha per oggetto la conoscenza).

Tra le sue principali pubblicazioni figurano:

- Fradin Jacques, *L'intelligence du stress*, Editions d'Organisation, Parigi 2008.
- Fradin Jacques e Fradin Fanny, *La thérapie neurocognitive et comportementale*, Publibook Université, Parigi 2004, terza edizione.
- Fradin Jacques e Fradin Fanny, *Personnalités et psychophysiopathologie*, Publibook Université, Parigi 2006.

Nel 1970, Paul D. MacLean, neurobiologo statunitense, pubblicava *A triune concept of the brain and behaviour* (trad. it.: *Evoluzione del cervello e comportamento umano: studi sul cervello trino*, Einaudi, Torino 1984). Tale rappresentazione «trinitaria» del cervello è stata in seguito criticata, ma non rimessa in discussione nella sua capacità di rappresentare le diverse funzioni cerebrali. Negli anni Ottanta, l'opera intrapresa da MacLean è stata consolidata da Jacques Fradin, che ha affinato la descrizione di queste tre grandi funzioni.

I tre cervelli

Stando alla distinzione proposta da Paul MacLean, infatti, il cervello si compone sostanzialmente di tre strati, corrispondenti non solo a tappe evolutive diverse, ma anche a livelli d'organizzazione specifici. Ognuno di questi tre «cervelli» dispensa al tempo stesso piaceri e sofferenze per sospingere l'essere umano ad atti ben precisi, con una logica ben definita: la *sofferenza* ci stimola ad agire, il *piacere* ci conferma che l'azione è corretta e che soddisfa adeguatamente il bisogno. Inoltre, ciascun cervello orienta l'individuo verso un dato comportamento.

I «tre cervelli»

- ✓ Il cervello rettiliano (o ipotalamo), che è l'antenato della funzione cerebrale animale, dispensa piacere e sofferenza *fisici* per incitare l'individuo a preservare la propria integrità sul piano fisico.
- ✓ Il cervello limbico (o memoria programmante), sviluppatosi nei mammiferi superiori, trasmette sensazioni di piacere o di sofferenza *psichiche*, spingendo gli individui a organizzarsi in società solide e permanenti.
- ✓ Il cervello neocorticale prefrontale (o intelligenza), prerogativa del genere umano, dispensa quella sensazione di felicità alla quale siamo naturalmente destinati.

L'istinto di sopravvivenza

Il cervello rettiliano presiede alle funzioni fisiologiche, come la respirazione e la circolazione sanguigna. La preservazione dell'integrità fisica è suo appannaggio. Quando tale integrità si vede minacciata, esso ci invia una buona dose di dolore: perché, quando si mette la mano sul fuoco, si sente male? Per toglierla subito dalla fiamma! Allo stesso modo il cervello rettiliano governa la necessità di mangiare, bere, dormire e accoppiarsi: inviando allo stato cosciente segnali di sofferenza sempre più insopportabili a mano a mano che il bisogno si fa più urgente. Una volta soddisfatto lo stimolo, viene lanciato il segnale opposto, quello del piacere, per indicarci che l'azione intrapresa è corretta.

Quando dobbiamo nutrirci, il cervello rettiliano ci lancia tre tipi di segnale: i morsi della fame (e non una voglia generica, ma di precisi alimenti), il piacere di mangiare, infine la sazietà e la sensazione di pienezza. A questo punto l'azione va conclusa. Quando dobbiamo idratarci, genera la sensazione di sete, anche qui con una gamma di sfumature: sete di bevande più o meno saline, più o meno fresche, più o meno zuccherine, in funzione delle esigenze dell'organismo. Ed è sempre lui a far scattare il bisogno di accoppiarsi, e non con chicchessia.*

Il cervello rettiliano è incapace di prendere decisioni coscienti, ma comunica fedelmente agli altri due tutte le informazioni necessarie. Per esempio esprime, nel modo più chiaro possibile, lo stato dell'organismo e delle sue esigenze ogni volta che risulti utile o necessario compiere un'azione cosciente, inviando uno stimolo, come la sensazione di fame, o di sete, o di stanchezza. Spetta poi agli altri due cervelli, limbico e neocorticale, il compito di prendere le decisioni del caso.

* La spiegazione dei criteri di selezione nell'attrazione sessuale va probabilmente ricercata a livello della specie. In effetti, se è comprensibile che la voglia di carote, o di spinaci, o di banane traduca specifici bisogni dell'organismo (di oligoelementi, di minerali, di vitamine o di aminoacidi), è invece meno plausibile ipotizzare un meccanismo analogo anche per la sensualità o per i rapporti sessuali: perché preferire «fisicamente» una persona piuttosto che un'altra? Sono le esigenze dell'evoluzione della specie a plasmare questi meccanismi d'attrazione/repulsione/indifferenza tra gli individui.

L'istinto di sopravvivenza associato al cervello rettiliano innesca gli essenziali, sofisticati meccanismi di allarme che vedremo più avanti, quegli «stati d'urgenza dell'istinto» scoperti e inventariati da Henri Laborit: *la lotta*, *la fuga* e *l'inibizione dell'azione*. Sono meccanismi biochimici ancora poco conosciuti, eppure le loro manifestazioni cliniche sono al centro delle nostre esistenze: le emozioni.

Il cervello della sopravvivenza

Piacere e dolore sul piano fisico

✓ Il cervello rettiliano ha il compito di garantire il funzionamento dell'organismo sul piano fisico e psichico, al di fuori della sfera del conscio.
✓ Non pensa, ma agisce in modo indipendente, limitandosi a segnalare che ha bisogno di aiuto, o la presenza di una minaccia.
✓ Comunica mediante stimoli ben precisi: per le necessità fisiologiche tramite la fame, la sete, la sonnolenza o il desiderio sensuale e sessuale; per prevenire una minaccia fisica tramite il dolore; per informare di un pericolo interno o esterno tramite gli stati d'urgenza dell'istinto (lotta, fuga, inibizione dell'azione) e le emozioni correlate (paura/ansia; collera/aggressività; abbattimento/depressione/tristezza).

Istinto intrinseco del cervello rettiliano: sopravvivenza.

Le basi della convivenza

Il cervello limbico gestisce tutti i programmi di comportamento automatici: è quello che ci consente di parlare o di camminare senza dover sorvegliare ogni singola azione, di scendere le scale parlando al telefonino, o di guidare l'auto ascoltando la radio. La sua peculiarità è quella di registrare e riprodurre meccanicamente atteggiamenti e comportamenti, movimenti, gesti e perfino pensieri. È programmato sia dalla genetica (per esempio l'istinto materno o l'istinto di competizione), sia dall'addestramento e dall'apprendimento.

Giocare, vincere, imparare, comunicare, proteggere ed essere protetti, desiderio di maternità/paternità... A tutte queste pulsioni, se realizzate, si accompagna un piacere di tipo psichico (per esempio, la corretta attuazione del desiderio di sentirsi amati è il senso di ricompensa per aver fatto di tutto pur di essere accettati dall'altro o dal gruppo), mentre subentra un disagio

Il cervello dei condizionamenti

Piacere e dolore sul piano psichico

- ✓ La missione del cervello limbico è quella di scrivere e sfruttare un numero massimo di comportamenti riflessi, di condizionamenti, nell'ottica di ottimizzare l'inserimento sociale. L'obiettivo del cervello limbico è chiaro: permettere lo sviluppo qualitativo e quantitativo della società umana (o animale).
- ✓ La sua azione rientra nel campo dei riflessi.
- ✓ Le sanzioni positive o negative inflitte dal cervello limbico vanno dal piacere alla sofferenza, a livello psichico.
- ✓ Il cervello limbico pensa e agisce autonomamente, in complementarità ma anche in competizione con il terzo cervello (neocorticale).

L'istinto associato al cervello limbico è l'istinto gregario (istinto materno, istinto di competizione eccetera).

quando vengono ignorate o comunque non soddisfatte: senso di solitudine, di esclusione, impressione di essere dei «falliti» o degli «incapaci». Tutte sensazioni direttamente riconducibili a condizionamenti gregari.

«Gregario», come si può intuire, è un termine relativo all'aggregazione, a formare un «gregge». L'istinto gregario, unito al cervello limbico, è il motore dell'organizzazione sociale e responsabile della massima parte dei nostri comportamenti (esattamente come negli animali): è per causa sua che proviamo piacere a stare in gruppo, sia esso la famiglia, la città, o l'associazione occasionale. L'istinto gregario spinge inoltre gli individui a entrare in competizione per ottimizzare la selezione della specie: i maschi combattono per la supremazia, per scegliersi la propria femmina, o mangiare prima degli altri così da salvaguardare la propria sopravvivenza, indispensabile al gruppo. Le femmine sono in competizione per il maschio migliore, il più forte, e quindi il più capace di procreare e di proteggere la prole. Ai giorni nostri, è l'istinto gregario che ispira le gare sportive, i giochi durante la ricreazione a scuola.

Ma l'essere umano non è costretto a seguire supinamente un istinto che lo accomuna agli animali. Per accertarsi che la pulsione in causa sia corretta anche sotto il profilo strettamente umano, e per ponderare le proprie decisioni, l'essere umano dispone dell'intelligenza neocorticale, molto più potente e raffinata. A tale scopo, però, dovrà rimettere sistematicamente in discussione i suoi automatismi, convinzioni, condizionamenti, per lasciare spazio a una visione delle cose autonoma, frutto di una riflessione propria e dell'esperienza personale. E qui avrà bisogno di un gran coraggio, per passare da un comportamento animale a quello umano, dal riflesso condizionato alla riflessione, ma anche dal semplice piacere psichico alla vera felicità.

La felicità come tratto distintivo dell'uomo

La felicità ha origine nella parte neocorticale del cervello, e in particolare nella regione prefrontale della neocorteccia.

È lì che ha sede la capacità di ragionare, calcolare, realizzare in modo creativo e originale (mentre l'imitazione meccanica rientrerebbe nella sfera del limbico), di riflettere sul proprio destino. La sua capacità d'analisi è considerevole. È la neocorteccia a dare importanza all'individuo, all'Io, è la sede del sé, della propria specificità. La sua finalità principale? Con ogni probabilità, quella di spingere l'uomo verso l'inesplorato, di essere la molla che conferisce quella curiosità inappagabile e smisurata di sapere sempre che cosa ci sia «oltre».

Il cervello dell'intelligenza

Felicità / Malessere

- ✓ Il cervello neocorticale (prerogativa dell'essere umano) è la sede di ogni forma di intelligenza, logica e immaginativa, analitica e intuitiva, razionale e creativa.
- ✓ Incita l'uomo a esprimere sempre più compiutamente il proprio essere profondo e, in caso di successo, la ricompensa che elargisce è la sensazione di felicità, molto più profonda e durevole rispetto alle sensazioni di piacere fisico e psichico prodotte dagli altri due cervelli. La sofferenza che dispensa è invece la sensazione di infelicità, di mancata realizzazione, di vuoto esistenziale, di pessimismo cosmico.

L'istinto associato alla neocorteccia è quello della scoperta, che porta l'uomo e l'umanità a spostare costantemente in avanti i propri limiti.

L'evoluzione e la sempre maggior raffinatezza del cervello dai primi animali fino all'uomo potrebbe spingerci a scorgere una gerarchia in termini di importanza. Eppure ogni tipologia di cervello ha la sua funzione, il suo spazio, ognuna di esse è essenziale al benessere umano: il cervello rettiliano è responsabile della buona gestione della fisiologia dell'organismo, il cervello limbico della conservazione della specie e dell'individuo, mentre la neocorteccia è la sede del progresso e dunque dell'evoluzione. La «macchina umana» è in questo modo completa e in grado di funzionare.

Per ottimizzare il funzionamento di tale meravigliosa macchina, però, non possiamo limitarci ad agire come un corpo dotato solo di riflessi condizionati e alla ricerca dei piaceri che possono essere procurati dai due primi cervelli di cui siamo dotati. È indispensabile dare spazio alla ricerca della felicità, quella che emana dal terzo cervello. È questo cammino a guidarci verso la realizzazione esistenziale, è questo cammino a permetterci di mettere a frutto il capitale di vita avuto in dotazione alla nascita.

*La ragion di esistere della felicità è il compimento del destino di ognuno di noi e, con esso, dell'umanità intera.**

A tale scopo, però, dobbiamo imparare a preferire la «riflessione» al «riflesso», a ricollegare le sensazioni alla loro vera origine.

Questo non implica il rifiuto incondizionato degli istinti: essi hanno favorito la nostra sopravvivenza come specie e tutelano la nostra vita fisiologica e sociale. Possiamo considerare l'evoluzione del cervello umano come una lunghissima scala cui vengano aggiunti nuovi pioli per salire sempre più in alto. Si

* Naturalmente si può optare anche per un'altra strada, per un altro atteggiamento: voltare le spalle sia alla felicità, sia al destino che ci attende. È uno dei modi per non credere in Dio; equivale a dire di «no» a Lui, rifiutare i piaceri e la felicità che ci propone, pensando che si tratti di doni avvelenati. Attendo però ancora oggi che qualcuno mi fornisca una motivazione plausibile per una scelta del genere. Forse, la disperazione.

presuppone che tutti gli altri siano ancora solidi; se si distruggesse un piolo a mano a mano che si avanza, crollerebbe tutta la scala. L'uomo deve accettare la propria «animalità» di fondo, che resta sempre viva in lui, e riconoscerle il giusto spazio al servizio della stessa sopravvivenza e della realizzazione fisica, psichica e spirituale (concentrandosi sul corpo, sulle sensazioni fisiche, la meditazione permette di allentare la presa sul piano psichico ed emotivo, facendoci salire nella sfera della spiritualità).

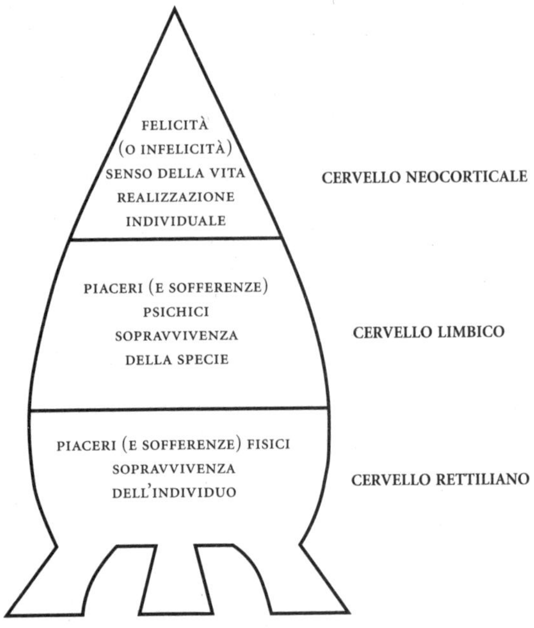

2

La felicità è la normalità

Noi siamo costruiti, programmati, per essere felici. La felicità rientra nella nostra normalità, così come una glicemia nella norma è pari a circa 90/110 milligrammi per decilitro di sangue, o la temperatura corporea deve risultare di quasi 37 gradi centigradi. È normale provare piacere mangiando buon cibo, ed è altrettanto normale provare piacere quando si riesce a essere se stessi, a esprimere il proprio essere profondo, quando si riesce a fare ciò che si ha davvero voglia di fare, quando si prende coscienza della libertà di dire, in ogni istante, «sì» alla propria vita. La felicità fa parte della normale psicofisiologia umana.

Quando invece ci sentiamo infelici siamo in qualche modo «ammalati». In queste situazioni è bene cercare di capire che cosa ostacola la realizzazione individuale, e rendersi conto che la nostra «malattia» è l'impedimento che ci costringe a rinunciare a noi stessi.

L'atteggiamento più frequente, invece, è pensare di essere vittime di circostanze sfortunate e cullarsi nel sogno di giorni migliori. Resiste la convinzione che la felicità sia una cosa bella che piove dal cielo, per caso: ad alcuni tocca, ad altri no. Si tenta di farsene una ragione, ci si rifugia, per reazione, in piaceri meschini, nel tentativo di accettare quello che viene vissuto come un destino ineluttabile.

Be', vediamo di non fare confusione: certo, nascere ricchi o poveri, belli o brutti, portati per la matematica o per lo sport o per le lettere è, nella stragrande maggioranza, un capriccio del caso. Ma a prescindere dalla situazione individuale, tutti abbiamo comunque la capacità, le potenzialità per essere felici. È sufficiente accettarsi, e accettare il mondo così com'è. E andare all'arrembaggio dei nostri sogni più profondi. Abbiamo tutti, o almeno è questa la mia convinzione, uno spazio di libertà (il livello di felicità che proviamo non è per me commisurato al grado di libertà di cui si gode nella vita, ma dipende piuttosto dall'uso che se ne fa) che è possibile mettere a frutto per esprimere noi stessi ed essere felici. Mentre dico questo, penso al libro che Jean-Dominique Bauby ha dettato con la palpebra sinistra, *Lo scafandro e la farfalla.** Colpito da una sindrome paralizzante, l'autore decise di far uso della sola parte del corpo che riusciva ancora a muovere per scrivere un libro magnifico e pieno di serenità, pochi mesi prima di spegnersi. Una splendida lezione di felicità.

E allora, qual è l'ostacolo?

Che cosa può ostacolare la nostra piena e completa realizzazione? Che cosa può impedirci di occupare davvero il nostro spazio di libertà e di espressione, dando così compimento al nostro destino?

Basta il classico granello di sabbia, un solo, piccolo pensiero

* Jean-Dominique Bauby, *Lo scafandro e la farfalla*, Ponte alle Grazie, Milano 1997.

insidioso che ci spinge a mettere in atto un programma di vita non condiviso dalla nostra intelligenza superiore, inceppando il meccanismo. «Non sono tagliato», «Non ce la farò mai», «È troppo tardi», «Sono stonato», «Non ho mai capito niente di matematica» sono tutte campane a morto per quanto riguarda il raggiungimento della felicità.

Tra le migliaia di automatismi (convinzioni o comportamenti) che ci aiutano a vivere e a comunicare, ne bastano due o tre sbagliati per trasformare tutta l'esistenza in un inferno.

Ecco un esempio.

Maria si sta rilassando davanti alla TV, quando va in onda lo spot di un prodotto dimagrante. E senza che lei se ne renda neppure conto, nel suo cervello limbico si concatena una serie di pensieri automatici.

Sono troppo grassa, dovrei provarlo veramente.

Ma tanto... è sempre la solita storia, non funzionano mai.

Bisogna che mi metta a fare la dieta sul serio. Senza sgarrare.

Sì, ma ci ho già provato e non ci riesco. Non ho coraggio, non ho volontà.

Ecco perché sono ancora sola.

Allora me lo compro, hai visto mai...

Ma mi sa che butto i soldi dalla finestra.

Dio, che ameba che sono!

Questo soliloquio, spesso inconsapevole, esprime uno stato di emergenza, uno stress, quando invece non sussiste nessuna minaccia esterna per Maria. Se le si chiede perché ha il muso lungo, lei risponderà: «Perché sono una nullità grassa e smidollata». In realtà questo è il suo pensiero limbico, ma se ha quell'aria imbronciata è solo perché la sua intelligenza non lo condivide per nulla. Fra i due cervelli vi è dunque un conflitto, e il terzo – quello rettiliano – aziona l'allarme lanciando uno «stato d'emergenza dell'istinto» (collera, paura, scoramento).

Di fronte all'automatismo limbico, l'intelligenza di Maria ha una reazione di contrasto: non condivide le affermazioni sulla grassezza, o tutt'al più le accetta in maniera molto più sfumata, circostanziata.

Certo, adesso ho una taglia in più, però ho smesso di fumare... E poi, forse è una cosa passeggera, non è il caso di farne un dramma. Del resto proprio ieri mi hanno fatto i complimenti. Quindi...

E proseguirà su questa strada.

Il coraggio vero è quello di accettare e di esprimere il mio essere profondo. E non sono neanche smidollata, quando ho una forte motivazione non mi ferma nessuno.

Se sono sola, magari è perché sono troppo esigente con me stessa e con gli altri.

Non sono affatto un'ameba e ho già potuto constatare che non è vero.

Come abbiamo visto, di fronte al contrasto il cervello rettiliano invia alla coscienza un segnale sotto forma di stato d'emergenza.

Qual è la soluzione? Riconoscere e correggere il pensiero automatico. Nel caso di Maria, questo potrebbe altrimenti spingerla a fare cose inadeguate alla situazione reale o addirittura pericolose per la salute. Molte persone non comprendono il meccanismo dell'emergenza e considerano le emozioni che ne scaturiscono conseguenze dirette di uno stato decretato dal cervello limbico: «Sei grasso», «Sei smidollato», «Sei un'ameba». In un iter normale, la coscienza viene allertata dall'emergenza, giudica correttamente l'emozione come il prodotto di un pensiero condizionato e restituisce il potere d'azione alla neocorteccia, che entra in azione e modifica il programma gestito dal cervello limbico. Ma finché questo non accade, al verificarsi delle medesime condizioni scatterà puntualmente l'emergenza.

COME DISTINGUERE UN PENSIERO INTELLIGENTE
DA UN PENSIERO AUTOMATICO

Pensiero automatico (riflesso)	**Pensiero intelligente**
Origine: cervello limbico	Origine: neocorteccia prefrontale
Caratteristiche:	Caratteristiche:
Rigido	Flessibile
Incapace di accettare obiezioni	Aperto alle obiezioni e al dibattito
Semplicistico	Complesso
Binario	Articolato
Manicheo	Relativo
Assoluto	Possibilista
Genera una sensazione di ovvietà	Procura un leggero senso di ottimismo incondizionato
Crea una tensione fisica e psichica	Suscita una vera distensione, fisica e psichica
Allontana dalla felicità	Ci rinsalda nel cammino verso la felicità

Se Maria non interviene consapevolmente, ogni volta che spunterà l'argomento «magrezza», o «dieta», o «forza di volontà», ricadrà in uno stato di stress, e si ripeterà ancora la stessa storia.

Finché Maria si considererà «un'ameba», avrà in sé un fondo latente di emergenza. Se questo è costruito su una modalità di fuga, la sua ansia la spingerà all'iperattivismo (nel lavoro, nel tempo libero, nello shopping... compreso quello alimentare, a peggiorare così la situazione). Se la sua modalità reattiva è invece l'aggressività, si cercherà dei capri espiatori su cui sfogare i nervi. Se si rifugia nel suo bozzolo senza sfogarsi rischierà di cadere in depressione.

Da un lato, questi pensieri indurranno uno stato d'emergenza permanente, fonte di tensione, di uno stress penoso da sopportare e addirittura patogeno (oggi si fa un gran parlare di «patologie dovute allo stress»); dall'altro, impediranno la realizzazione individuale, ed è lì che insorge la vera infelicità, ossia la mancanza di felicità. Anziché trovare serenità in ciò che fa e nell'amore, anziché costruirsi la propria esistenza con spirito creativo, l'individuo diviene sempre più simile a una pianticella trascurata, riducendosi all'ombra di se stesso.

Converrete con me che è davvero un peccato passare un'intera vita nell'infelicità a causa di pensieri tanto futili, giusto?

Fortunatamente oggi iniziamo a scoprire il meccanismo per uscirne e, quando questo meccanismo verrà insegnato nelle scuole, ecco che l'umanità intera ne uscirà trasformata.

Riepilogando

Siamo muniti di «istruzioni per l'uso»* che ci consentono di essere felici in ogni circostanza, perfino nella malattia, nella povertà e nel lutto.

La felicità non ha nulla a che vedere con il piacere, né fisico, né psichico. Per trovarla, e per riuscire a tenersela, «basta» sforzarsi costantemente di essere se stessi, di esprimere in modo autentico ciò che abbiamo dentro di noi. «Basta» ascoltare i propri sogni fino in fondo.

Ma occorre restare vigili, perché fra i nostri diversi cervelli può sempre esplodere un conflitto: la parte «riflesso», limbica, e la parte «riflessione», intelligente e neocorticale. Quando l'intelligenza si trova in disaccordo con i pensieri automatici, il terzo cervello, che è preposto alla sopravvivenza dell'individuo, aziona il campanello d'allarme sotto forma di un'emozione (paura, collera, tristezza).

Le emozioni sono quindi il nostro migliore alleato per trovare o preservare la felicità, perché ci avvertono della minaccia rappresentata da pensieri automatici fuori luogo. E ci permettono di rimediare, in modo pienamente consapevole, ridando alla nostra intelligenza lo spazio che le spetta.

* L'immagine delle «istruzioni per l'uso» consegnateci da Dio è presa a prestito da Allen Carr, di cui parlerò più avanti a proposito dell'alimentazione. Ma è un'immagine che trovo applicabile anche alla felicità, perché trovo anch'io che il Buon Dio ci abbia costruiti in modo mirabile, e che noi non abbiamo ancora capito tutti i meccanismi del nostro funzionamento.

3

Le emozioni: il nostro miglior amico, il nostro peggior nemico!

Grazie alle emozioni, siamo in grado di individuare il pensiero che ci blocca nella realizzazione della felicità. Ma dobbiamo saperle valutare e giudicarle per quello che sono: un sintomo, un campanello d'allarme. Purtroppo, la maggior parte di noi ignora completamente questo formidabile meccanismo, limitandosi invece a vederle come dispensatrici di sensazioni. E con questo atteggiamento facciamo il nostro danno.

Laborit ha definito quattro diversi stati dell'umore che incitano l'animale a quattro comportamenti molto diversi fra loro.

Laborit ha lavorato essenzialmente sulle cavie, munite di due soli cervelli: limbico e rettiliano. La neocorteccia prefrontale, sede dell'intelligenza, è propria dell'essere umano. È stato Jacques Fradin a capire che il meccanismo degli stati d'emergenza, nell'uomo, si è affinato proprio per tenere conto della presenza di questo terzo cervello.

Colgo l'occasione per correggere un equivoco piuttosto frequente: la felicità è vista come uno stato di beatitudine passiva, piuttosto egocentrica e indifferente al mondo esterno. È vero invece l'esatto contrario: il fatto di accettarsi ed esprimere se stessi in modo autentico incita al dinamismo. Del resto, il vocabolario di Laborit per designare lo stato fisiologico in contrapposizione

I quattro stati dell'umore

- ✓ *Stato di attivazione dell'azione*. È lo stato di base, fisiologico, di un animale evoluto, ossia dotato di due cervelli (quello limbico e quello rettiliano). La condizione di base di una macchina perfettamente funzionante, pronta ad attivarsi senza ostacoli. Ma è una tranquillità che viene stravolta in caso di emergenza.
- ✓ *Stato di fuga*. Spinge automaticamente l'animale ad allontanarsi il più in fretta possibile. Le funzioni metaboliche si alterano per favorire il consumo di energia e la mobilitazione della muscolatura impegnata nella corsa. L'emozione associata a questo stato è la *paura*, incontrollabile, irrazionale, perché per definizione si tratta di una reazione riflessa. Attenzione, contrariamente a ciò che si crede, la paura non è sistematicamente legata alla presenza di una minaccia. Spesso si prova paura in assenza di pericolo, e viceversa.
- ✓ *Stato di lotta*. Spinge l'animale a combattere. Subentrano modifiche metaboliche che mettono l'individuo nelle migliori condizioni fisico-emotive possibili per sconfiggere l'eventuale avversario (aggressività, frequenza cardiaca, tono muscolare, afflusso di sangue). L'emozione associata è la *rabbia*, ma non si dimentichi che è possibile lottare anche senza rabbia, in piena «felicità», ossia senza aggressività.
- ✓ *Stato di inibizione dell'azione*. Spinge l'animale all'immobilità, «spegnendolo». Le funzioni vitali, come la respirazione e la digestione, rallentano, dandogli così più probabilità di passare inosservato. L'emozione associata è l'*abbattimento*, una repentina manifestazione depressiva che porta con sé la prostrazione.

agli stati d'emergenza parla di «attivazione dell'azione». Ciò significa che lo stato di felicità, che per me corrisponde allo stato di attivazione dell'azione nell'uomo, permette di vivere nel mondo reale e incita a parteciparvi intensamente.

Questi meccanismi d'allerta risultano perfettamente adatti all'animale (e all'essere umano allo stato selvatico), che in questo modo riesce a sopravvivere in condizioni di vita estremamente ostili. Ma nell'uomo moderno funzionano allo stesso modo? Jacques Fradin e sua sorella Fanny hanno scoperto che, in realtà, la nostra versione del «programma» contiene un aggiornamento straordinariamente sofisticato e utile. Il sistema d'allarme originariamente concepito per consentire di resistere alle minacce esterne, nell'uomo si è progressivamente riorientato per aiutarlo a superare l'handicap comportato dall'evoluzione: avere due cervelli che pensano al tempo stesso e che possono risultare in disaccordo fra loro.

Oggi, il nostro peggior nemico siamo sempre più noi stessi. Non ci sono più i predatori o il clima proibitivo dell'era glaciale. Se basta un solo pensiero a rovinarci la vita, è evidente che il rischio si presenta nel momento stesso in cui cervello limbico e neocorteccia sono in conflitto. Quando succede, scatta l'allarme esattamente come se fossimo minacciati da un leone. Quindi, che la minaccia venga dall'esterno o che semplicemente la nostra intelligenza si ribelli ai nostri stessi riflessi e convinzioni, lo stato d'emergenza che si instaura è assolutamente il medesimo.

Purtroppo, anziché servircene come di un segnale utile, molto spesso fraintendiamo questo meccanismo, ci concentriamo sull'emozione in causa in quanto fonte di turbamento (piacevole o spiacevole) e ignoriamo completamente l'informazione che potrebbe aiutaci a trovare, o ritrovare, lo stato di felicità.

Sino a oggi, le emozioni hanno avuto una considerazione fuorviante, sintetizzata nell'espressione «le emozioni sono il sale della vita». In realtà non servono a dare sapore all'esistenza, sono la porzione visibile del nostro meccanismo d'allarme. Non vi è emozione senza stato di emergenza, e quindi senza opposizione fra intelligenza e pensiero condizionato del cervello limbico (salvo in via eccezionale, in caso di minaccia esterna percepita dal cervello rettiliano, un'eventualità sempre più rara...).

Ma soprattutto sono la chiave della felicità, a patto di saperle decifrare.

In condizioni normali, l'emozione e lo stato d'emergenza dovrebbero durare giusto il tempo di permettere alla coscienza di restituire il comando alla neocorteccia e alla riflessione. Quando trilla la sveglia, nel giro di qualche secondo subentra la presa di coscienza, si spegne la suoneria e ci si alza (nel migliore dei casi...). Se non comprendiamo la natura e la funzione di quel rumore molesto, faremo invece di tutto per continuare a dormire.

Se ignoriamo le emozioni come spie d'allarme, continuando a mettere in atto i programmi di condizionamento patogeni, lo stato d'emergenza con le emozioni associate, lungi dallo svanire, diviene cronico: la paura cede il passo all'ansia, la rabbia all'aggressività, l'abbattimento alla tristezza e allo stato depressivo.

Quindi, l'unico modo per trovare, o ritrovare, la via della felicità è prestare ascolto alle emozioni e sforzarsi di individuarne l'origine patologica. Solo che, non conoscendo ancora il meccanismo virtuoso e sofisticato della felicità, la nostra cultura ha imparato ad accontentarsi delle lacrime, della rabbia, dello spirito di competizione, dell'agitazione ansiosa. A maggior ragione nei grandi centri urbani, che sono particolarmente «emotivi». La città è un tipico generatore di stress, che a sua volta eccita gli stati d'emergenza e mantiene costante la cappa di aggressività, paura e depressione. Questa situazione, per quanto dura da sopportare, per alcuni diviene una droga e allora subentra il terrore dell'astinenza. È una caratteristica della «società limbica», in cui si passa il tempo a rimediare alle patologie innescate da una visione dell'esistenza sostanzialmente sbagliata, da condizionamenti non accettati dall'intelligenza.

Ma se spieghiamo a qualcuno che la felicità è lì, a portata di mano, a condizione di depurarla dalle emozioni, ecco l'invariabile reazione: «Ma come si fa a vivere senza? La vita sarebbe insipida, o peggio».

«Panem et circenses»

Le emozioni sono talmente ricercate che si finisce addirittura per procurarsele apposta: si scelgono libri strappalacrime e film commoventi, si va allo stadio per esaltarsi e dare sfogo alla propria aggressività, o al circo per provare brividi di paura seguiti da una comoda rassicurazione. Le emozioni vengono presentate come il segno irrinunciabile di una vita bella, di una vita adeguata. Senza emozioni, la vita sarebbe di un grigiore insopportabile.

È un atteggiamento greve di conseguenze: anziché trovare la felicità, non si fa altro che coltivare l'infelicità, arroccandosi nelle proprie convinzioni ancora più profondamente invece di distaccarsene. Si va in cerca dell'emozione soltanto per il piacere che si prova quando finalmente si riesce ad appagarla, dando vita, in modo più o meno artificiale e deliberato, a uno stato d'emergenza con l'unico scopo di provare piacere ad appagarlo.

In effetti, la rabbia può procurare piacere, ma solo a condizione di potersi mettere a strillare o di poter ingaggiare una colluttazione: nell'emozione della lotta si prova appunto il piacere di placare la rabbia.

Analogamente, la fuga procura piacere, ma solo a condizione di riuscire a svignarsela, di agitarsi ma alla fine di buttarla in ridere; è bello avere paura, se si può trovare la rassicurazione a piacimento. Infine, persino nella tristezza si può trovare un certo piacere, se si ha la possibilità di mettersi a piangere, di sfogarsi e di farsi consolare.

Tutte situazioni diverse che ci riportano alla storia del pazzo che si prende a botte in testa per il piacere di smettere. O, più poeticamente, all'abitudine di Montaigne di farsi svegliare in piena notte per il solo piacere di riaddormentarsi.

Quando non è possibile appagarle, le emozioni rischiano di divenire dolorose, dolorosissime, perfino letali. Ciò è illustrato chiaramente dall'esperimento di Laborit (ripreso nel film *Mio zio d'America*, di Alain Resnais, 1980) in cui una cavia viene resa volutamente aggressiva elettrificando la gabbia in cui si trova: lasciata sola, nel giro di qualche tempo deperisce e muore di stress. Se invece nella stessa gabbia si colloca una seconda cavia, le due bestiole si sfogano facendo la lotta, e se la cavano tranquillamente! Nulla è peggio dell'impossibilità di esprimere le emozioni. Vi sono però situazioni in cui questo è irrealizzabile (si pensi all'esempio della prima cavia), e ve ne sono altre in cui i condizionamenti (i divieti) impediscono di esprimere selettivamente alcune categorie di emozioni. E così, quello che avrebbe potuto costituire un piacere diviene invece un patimento, magari per tutta la vita, magari con il risultato di abbreviarla.

Gli incontri cosiddetti sportivi permettono al tempo stesso di creare artificiosamente delle emozioni e, nella stessa circostanza, di appagarle, in prima persona o per il tramite dei contendenti in campo. E non è certo una novità: già al tempo degli antichi Romani la formula *panem et circenses* (cibo e intrattenimento) simboleggiava gli ingredienti necessari per tenere a bada il popolino dell'Impero.

Alcuni ritengono che simili spettacoli possano essere l'oppio dei popoli (Marx, invece, definiva così la religione); la rappresentazione più forte che io abbia mai visto di questa tesi è offerta dal film *Rollerball* (1975), tratto dall'omonimo romanzo di William

Harrison. La violenza della competizione anestetizza gli spettatori, che danno sfogo alla propria aggressività per poi precipitarsi in altri paradisi artificiali. Si sviluppa così un'aggressività artificiale fondata sull'istinto gregario di competizione e di gerarchia, portata al massimo grado di intensità possibile e quindi lasciata sfogare sul campo di gioco, ma soprattutto sugli spalti, davanti al televisore, in famiglia, al bar e, naturalmente, sul lavoro. In questo modo si radica un modello culturale inamovibile attorno a questi istinti, che rischia di allontanarci definitivamente dalla felicità.

A Giovanni è stato inculcato da suo padre il sacro obbligo di essere un «duro», un «combattente» nella vita, e lui fa di tutto pur di rispondere alle aspettative. Nell'azienda di famiglia, dove lavora, ogni santo giorno, cerca di conformarsi al precetto della combattività. In cuor suo, però, nutre tutt'altra visione dell'esistenza e del proprio ruolo individuale. Sognerebbe di fare il poeta, o il pittore, ma ci ha sempre pensato suo padre a mandargli il messaggio che «quelli mica sono lavori», che «vivere ai margini della società non sta bene» eccetera. E così Giovanni si è visto passare la propria vita sotto il naso, e con essa la felicità.

In termini meno eclatanti il teatro, il cinema o la letteratura possono assolvere alla stessa funzione della competizione sportiva: sviluppare artificialmente delle emozioni dando al contempo la possibilità di appagarle. Perché in realtà, che cosa si cerca in quelle forme di espressione? Sangue, lacrime e paura. Piaceri compensatori, ossia sostitutivi della felicità, della realizzazione personale. E l'intelligenza ha qui un ruolo quasi sempre passivo, mentre il sistema limbico la fa da padrone, rafforzando così sempre più il suo potere e i suoi pregiudizi.

Il tema del lieto fine nei libri e al cinema, il celebre *happy end*, è trattato con grande finezza nel film di Robert Altman *I protagonisti* (1992). Per il cervello limbico è indispensabile che la conclusione dell'opera confermi la tesi generalizzata che l'amore trionfi, che il coraggio paghi, che i buoni vincano e che i cattivi siano castigati. Infatti, di solito si va a uno spettacolo per vedere rinsaldate le proprie convinzioni. E l'autorità culturale e politica può, in questo modo, rafforzare l'adesione collettiva a un determinato credo, per esempio il patriottismo.

Per coltivare la propria felicità, invece, è più opportuno cercare spettacoli che si scontrino con le credenze popolari, che vadano controcorrente. Alcune mostre di pittura, alcuni esempi architettonici, determinate composizioni musicali, alcune pellicole scioccano il sistema limbico per far lavorare invece la neocorteccia. Il Novecento è stato relativamente ricco di questo genere d'arte distaccata e mordace. Jacques Prévert e Boris Vian per la poesia, Bertrand Blier e Quentin Tarantino per il cinema, Picasso o Dalí per la pittura, Messiaen per la musica: in ogni ambito della cultura e dell'ambiente è possibile individuare ottime occasioni per rimettere in discussione abitudini e convinzioni, avanzando così in direzione della felicità.

Davvero le emozioni sono tutte patologiche?

Sì, contrariamente a quello che si può pensare. Ho scoperto quindici anni fa che ogni emozione è sempre la spia di una disfunzione interna, di un conflitto fra neocorteccia e cervello limbico, fra una convinzione superficiale e un pensiero profondo. Per alimentare il mito delle cosiddette «emozioni positive», al novero delle emozioni vengono in genere aggiunte l'amore, la gioia, il sorriso. Peccato, però, che queste non siano affatto emozioni: non lo sono perché non corrispondono per nulla a un «turbamento dell'umore». All'amore abbiamo consacrato un intero capitolo nel quale vedremo come esso sia in realtà una pulsione in risposta a un bisogno, proprio come la fame o la sete. La gioia, in certe culture, sostituisce o illustra la nozione di felicità; va però ribadito che neppure la felicità è un'emozione. Il sorriso può presentarsi in due forme diverse. Può presentarsi come un «sub-riso», non ancora riso, e in tal caso è l'espressione di un lieve disagio che accettiamo con divertimento. Ma il sorriso può essere anche un segno d'amore, di tenerezza, una sorta di carezza indirizzata allo sguardo, un segno di apertura e complicità, sdrammatizzazione, serenità. A questo punto, sia ben chiaro, non si tratta più di un'emozione. Sorridere a se stessi è un sorriso alla vita. La felicità è il sorriso della vita.

E il riso?

Il riso è l'espressione di un'emozione, il *disagio*, che può spingere o alla fuga e all'evitamento, oppure al riso. È la risoluzione di uno stato d'emergenza derivato da un tabù sociale: censure dell'infanzia (tipo «pipì-cacca»), o rimessa in discussione dell'ordine costituito (attacchi contro l'autorità gerarchica, contro l'organizzazione sociale o famigliare). Il riso presuppone l'esistenza di una convenzione sociale un po' opprimente. È un'alternativa a indignazione o collera, è una valvola di sicurezza, il che ne spiega l'uso sociale o politico. Alcuni comici cominciano lo spettacolo in tono indisponente (costituendo cioè il disagio propizio allo stato di fuga) per poi farci ridere di gusto (appagamento dell'emozione). A quel punto, allentiamo la presa e iniziamo ad accettare quella parte di noi che fino ad allora avevamo censurato. Il comico francese Jean-Marie Bigard ne ha fatto la sua specialità, con un successo inimmaginabile. Figuratevi che è riuscito a riempire lo Stade de France, che ha una capienza di 50.000 posti! I suoi sketch contengono tutti gli ingredienti che consentono allo spettatore di sfogarsi, e di decondizionarsi, nei confronti dei tabù sociali. Proprio come già avvenuto vent'anni prima con Coluche, altro grande comico francese di enorme popolarità, anche Bigard ha i suoi detrattori, e molto coinvolti sul piano emotivo, il che dimostra come questi artisti tocchino ambiti sensibili e limbici. La loro è un'opera davvero salutare. Il decondizionamento può facilitare il riso e il riso può facilitare il decondizionamento. Il riso ha una funzione terapeutica, sia perché porta a sfogare e ad allentare le tensioni neuromuscolari legate a un'eccessiva adesione alle convenzioni sociali, sia perché consente di prendere le distanze da certe convinzioni limbiche, dall'adesione inconsapevole a certi dogmi.

Analizzare ciò che ci fa ridere è un ottimo esercizio da inserire in una ginnastica della felicità: consente di porre in evidenza i condizionamenti perniciosi che impediscono di essere se stessi. Il riso è anche un buon modo di allenarsi a non prendere le cose troppo sul serio: la drammatizzazione si addice al cervello limbico, mentre la corteccia si trova meglio in un'atmosfera distesa che a sua volta contribuisce a creare. Allenarsi a ridere o a sorridere è un'eccellente ginnastica della felicità.

La classifica delle emozioni

Tutte le emozioni sono classificabili in funzione del loro legame con le tre basilari: la *paura* con il suo corrispettivo cronico, l'*ansia*; la *rabbia* e l'*aggressività*; e infine l'*abbattimento* che, in versione cronica, diviene *tristezza*. Sono tutte manifestazioni patologiche, ossia relative a un dissidio fra intelligenza individuale e condizionamenti. Sono segnali d'allarme che è bene saper classificare e individuare rapidamente non appena appaiono.

Le emozioni relative allo stato di fuga (PAURA E ANSIA) annoverano non solo lo *stupore* e lo *spavento*, la stessa emozione espressa con un diverso grado di intensità, ma anche il *disagio*, la *timidezza*, la *vergogna*, il *senso del ridicolo*, la *confusione*, l'*agita-*

zione, l'*eccitazione febbrile*, l'*eccitazione*, la *sovreccitazione*, il *nervosismo*, l'*impazienza*, l'*esuberanza*. In un occidentale, mostrarsi nudo al di fuori dei contesti socialmente accettati provocherebbe quasi sempre questa gamma di emozioni con, in più, tutta una serie di pensieri automatici di stampo moralistico.

Le emozioni relative allo stato di lotta (COLLERA e AGGRESSIVITÀ) comprendono l'*accesso di collera*, la *veemenza*, l'*irritazione*, l'*esasperazione*, l'*amarezza*, la *costernazione*, la *rabbia*; queste sono manifestazioni che differiscono per intensità e stile. Il *rancore* ha in più una volontà di rivalsa, la *gelosia* un legame con il possesso; l'*impetuosità*, la *foga*, la *passione*, l'*ardore* attestano un vigore considerato solitamente come il segno di uno spirito giovane. Le emozioni di lotta possono essere scatenate dal vedersi messi in discussione (nel valore, nelle capacità fisiche o intellettuali, nel potere di seduzione, nella posizione sociale), oppure dalla ricerca di una conferma delle proprie qualità attraverso la provocazione. Questa insicurezza rende inevitabilmente difficile il raggiungimento della felicità: non si trova il coraggio di fare certe cose, non si ha il fegato di affermare chiaramente il proprio punto di vista, si fa ricorso alla prepotenza per agire. E anziché lanciarsi nel meraviglioso ignoto della vita, si è sempre in cerca di situazioni rassicuranti.

Le emozioni relative allo stato di inibizione dell'azione (ABBATTIMENTO e TRISTEZZA/DEPRESSIONE) vedono fra le più frequenti la *nostalgia*, il *dispiacere*, la *pena*, la *stizza*, la *disperazione*, la *malinconia*, ma anche l'*ammirazione*.* Così come il *fascino*

* Grazie a Jacques Fradin ora sappiamo che l'ammirazione presenta un risvolto patologico perché comporta una negazione di se stessi: si ammira con forza negli altri un talento che anche noi possediamo, ma che non scopriamo né facciamo valere a causa dei condizionamenti. E, a rispecchiare il dissenso della nostra intelligenza, l'ammirazione si accompagna a una punta di tristezza o di scoramento. Individuare e indagare i propri oggetti di ammirazione è un buon modo per progredire nella scoperta di sé.

subìto o l'*adorazione* che ne derivano. Anche la sensazione di *noia*, che è sempre patologica in ogni situazione. Si tratta di emozioni che mettono allo scoperto una mancanza di fiducia nella vita. E, ancora una volta, la felicità rischia seriamente di vedersi preclusa.

SCHEMA DELLE PRINCIPALI EMOZIONI

Stato di fuga	**Stato di lotta**	**Stato di inibizione dell'azione**
Paura	Collera	Abbattimento
Stupore, spavento, disagio	Aggressività	Tristezza, depressione
Ansia	Accesso di collera	Nostalgia
Timidezza	Veemenza	Dispiacere
Vergogna	Irritazione	Pena
Senso del ridicolo	Esasperazione	Stizza
Confusione	Amarezza	Disperazione
Agitazione	Costernazione	Malinconia
Eccitazione febbrile	Rabbia	Ammirazione
Eccitazione	Rancore	Adorazione
Sovreccitazione	Gelosia	Fascino subìto
Nervosismo	Impetuosità	Noia
Impazienza	Foga	
Esuberanza	Passione	
	Ardore	

Come evitare la trappola delle emozioni?

Per non cadere nella trappola delle emozioni, occorre distinguere fra le emozioni in sé, che sono perturbazioni dell'umore, e che non sono per nulla piacevoli (l'emozione è «dolorosa» per natura; il suo compito è spingere all'azione, alla fuga, alla lotta o all'immobilità, deve quindi essere per forza sgradevole, come la sveglia al mattino...), e l'appagamento delle emozioni stesse, che procura invece un piacere anche molto intenso. Occorre distinguere per esempio fra collera (emozione) e l'atto di urlare contro qualcuno (appagamento), fra paura e senso di protezione; fra tristezza e pianto.

È bene sforzarsi di cogliere l'emozione patologica che si cela dietro il proprio appagamento: l'aggressività mascherata da giusta lotta per una nobile causa, l'ansia truccata da iperattivismo sociale o professionale, la depressione nascosta dietro una cortina di apparente imperturbabilità, la spossatezza attribuita a un malore passeggero o a un periodo di superlavoro... Occorre saper riconoscere le diverse manifestazioni emotive così come gli stratagemmi con cui vengono appagate.

Inizialmente può sembrare difficile, impossibile o addirittura immorale, in certi frangenti, sottrarsi alle emozioni, siano esse collera, paura o abbattimento. Bene, analizziamo allora qualche esempio.

Riecco Giovanni al supermercato. Sta facendo la spesa in santa pace, quando un tizio gli sale su un piede. Quattro sono gli scenari possibili, quattro i comportamenti, di cui tre patologici. Vediamo anzitutto questi ultimi.

Prima reazione, la *collera*: Giovanni aggredisce il maleducato, lo insulta in cuor suo o gli si rivolge in tono aggressivo: «Ma insomma, faccia più attenzione!»

Il suo sistema di valori gli dà la convinzione che il cialtrone vada rimesso al suo posto, «altrimenti dove andremo a finire»; che bisogna farsi rispettare, «mica ci si può lasciare pestare i piedi così!»

È riconoscibile lo stato d'emergenza (segnalato dall'emozione) che dimostra il dissenso dell'intelligenza di Giovanni da quello che, in realtà, è un sistema di condizionamenti.

Altra reazione possibile: la *paura*. Di affrontare, magari, le conseguenze di una provocazione intenzionale, paura di non saper mettere in atto un comportamento adeguato, di non riuscire ad assumere l'atteggiamento giusto, di non saper sostenere le proprie ragioni senza passare per un isterico o un piagnone. «Forse non l'ha neppure fatto apposta e io lo vado a offendere così...» E paura di avere paura, di passare per un vigliacco. Ma la natura dell'alibi è irrilevante. Giovanni vuole solo dileguarsi il più presto possibile.

Terza emozione reattiva possibile (e non meno patologica), un attacco di *depressione*: d'improvviso Giovanni si sente demoralizzato davanti alla prova lampante della sua debolezza. «Non sono mai capace di affrontare queste situazioni, non ho un minimo di fegato» e via discorrendo. Aspetta solo che l'imbarazzo cessi, che il tizio che gli sta pestando un piede si degni di spostarsi, sperando che la cosa finisca lì. «Tanto, in queste situazioni, non c'è nient'altro da fare.»

Quale sarebbe allora la reazione giusta, fisiologica, quella che permetterebbe a Giovanni di non alterarsi in modo così profondo? Supponiamo anzitutto che la sua prima reazione possa essere uno di questi stati d'emergenza. Dopotutto, quando un tizio ti pesta un piede potrebbe verificarsi davvero una situazione di pericolo. Ma subito dopo (un secondo o giù di lì), è indispensabile che subentri l'intelligenza, e che analizzi i fatti. Il tizio l'ha fatto apposta? E se sì, perché? Se invece è stato un incidente, come farglielo notare? Quali sono i rischi reali che correrebbe Giovanni agendo in un modo piuttosto che in un altro?

Dopo aver riflettuto, però, dovrà agire nel senso che ha

deciso, e senza esitazione: o se ne va senza dire nulla, oppure accetta lo scontro perché avrà ritenuto che è quella la scelta più intelligente. Ma senza aggressività.

Per rafforzare la trappola delle emozioni, la nostra società le ammanta delle più nobili virtù: la collera sarebbe segno di forza, di virilità e di autenticità. L'aggressività, invece, sarebbe indice di vigore e di coraggio, e infatti viene strumentalizzata in campo sportivo, nelle aziende, in politica.

La paura viene incoraggiata come dimostrazione di buonsenso, specie da parte di chi ha un potere: governi, religioni, genitori, pubblicitari. Che la coltivano per incitare i propri sottoposti ad adeguarsi.

Quanto ad abbattimento, tristezza e depressione, che rimandano all'inibizione dell'azione, nella nostra cultura aggressiva e sicura di sé godono in generale di una reputazione meno buona. A parte casi specifici, per esempio, in campo sentimentale, l'elogio di quell'amore che cresce e si rafforza nella sofferenza dell'attesa o della delusione. L'umanità ha introiettato la reazione depressiva come segno di dolcezza e abnegazione, di generosità e di bontà d'animo. Ed ecco la mitizzazione della donna come paradigma di fragilità e generosità, nella rappresentazione tradizionale della figura materna e di angelo del focolare.

Sono questi gli stereotipi ancestrali che noi continuiamo a riprodurre in modo più o meno consapevole. Ogni componente del branco, ogni membro della famiglia si vede assegnato un comportamento: al maschio l'aggressività, alla femmina la rassegnazione, ai piccoli la paura. Questi stati d'emergenza finiscono per essere dei giochi di ruolo: se il bambino mima la paura è per sollecitare la protezione dei genitori; se il maschio mima l'aggressività è per scoraggiare il rivale o l'aggressore, oltre che per attrarre la femmina; e se quest'ultima mima l'inibizione è per spingere il maschio a proteggerla e ad agire in vece sua.

Del nostro ingresso nell'era del neocorticale noi dobbiamo solo rallegrarci.

Il futuro dell'umanità è la felicità: ogni giorno che passa, ogni anno, ogni secolo, l'uomo è sempre più vicino alla sua intelligenza e riesce a distaccarsi sempre più dai condizionamenti innati o acquisiti.

I nostri antenati disponevano di un'intelligenza pari alla nostra. Noi, però, possiamo contare su tante informazioni in più, su tecnologie meravigliose, e su strutture politiche tali da favorire la pace e il progresso. Io riconosco che il nostro passato, e anche il nostro presente, è zeppo di orrori e di sofferenze indicibili. Ma se ci guardiamo alle spalle con un minimo di obiettività, dobbiamo essere riconoscenti ai nostri avi e alla nostra società attuale.

IL MECCANISMO DELLE EMOZIONI

Stato normale di base
(stato di attivazione dell'azione)

+

PERICOLI ESTERNI		PERICOLI INTERIORI
Predatori Rumori Forme, odori, intemperie Ostacoli	*oppure*	Conflitto fra intelligenza e condizionamento

↓ ↓

↓ ↓

Stato di urgenza dell'istinto		
STATO DI FUGA	STATO DI LOTTA	STATO DI INIBIZIONE DELL'AZIONE
Evitare il pericolo	Affrontare il pericolo	Cercare di passare inosservati

↓ ↓ ↓

Emozioni *(dolorose alterazioni dello stato dell'umore che spingono all'azione)*		
Paura Agitazione Ansia	Collera Aggressività/Spirito di competizione (risse e litigi, accesa competitività)	Abbattimento Tristezza e depressione (esternazione, ricerca di consolazione)

↓ ↓ ↓

Appagamento/sfogo *(passaggio all'azione – liberazione – piacere intenso in caso di successo)*		
Ricerca di protezione	Liti e urla Ipercompetizione	Sfogarsi, farsi consolare

Oppure, se l'appagamento si rivela impossibile

Somatizzazione *(depressione nervosa, malattie autoimmuni, cancro, cardiopatie)*

↓

↓

Cure	
FARMACI	PRATICHE
Antidepressivi	(*in alternativa o in associazione*)
Ansiolitici	Yoga
Omeopatici	Meditazione
(eccetera)	Agopuntura
	(eccetera)

4

Al lavoro!

Una volta capito a fondo il funzionamento delle emozioni, una volta compreso che occorre servirsene per individuare in noi i condizionamenti patogeni, non resta che rimboccarsi le maniche.

Come in un giardino ben tenuto ci sono sempre delle erbacce da strappare, delle cure da prestare. Ma ne vale la pena, perché ne emergerà un tesoro splendido e prezioso: noi stessi. Non riesco a immaginare nulla di più esaltante, di più appagante che ridare spazio all'intelligenza, ridare voce al nostro essere profondo, scoprire le infinite ricchezze racchiuse in noi. E non occorre neppure attendere tanto a lungo per cogliere i frutti di questo lavoro: fin dall'inizio i momenti di felicità divengono sempre più numerosi e intensi, il disagio si riduce in modo sensibile.

Appena comincia l'opera di decondizionamento, si può constatare che l'intensità delle emozioni, in media, diminuisce. Oltre venticinque anni fa seguii il mio primo seminario con Jacques Fradin all'Institut de Médecine Environnementale, la piccola unità privata di insegnamento e ricerca che aveva creato e dove iniziava proprio allora a esporre le sue ricerche. Io non capii quasi nulla di ciò che aveva detto e me ne andai deluso. Ma un paio di settimane più tardi Chantal, la mia segretaria, mi disse: «Sono proprio contenta, ultimamente è così cambiato... Più tranquillo, più sorridente, più pronto ad ascoltare... una meraviglia!» Rimasi interdetto, finché non mi venne in mente il seminario di Fradin. C'era una cosa che avevo ascoltato, capito e recepito: le emozioni, e in particolare la collera, non sono mai «colpa» degli altri, perché scaturiscono sempre da un dissidio interiore fra i nostri due cervelli pensanti. Era così volato via un enorme pregiudizio e, istantaneamente, il mio livello medio di emergenza era nettamente calato. Ripresi a frequentare i suoi seminari, lavorando moltissimo sia con Fradin, sia con sua sorella Fanny, con enormi progressi proprio per merito loro. Grazie, Chantal! Tutto questo percorso grazie a una sua semplice constatazione!

Individuare i «cattivi» condizionamenti

A generare le emozioni non sono i fatti in sé, ma solo il nostro modo «limbico», condizionato, di vedere i fatti. L'emozione non nasce nel reale: nasce nell'immaginario.

> Sandro è disoccupato, ma a renderlo aggressivo, ansioso e depresso non è il fatto in sé, sono i pensieri condizionati che ciò ha scatenato. Se la sua situazione è obiettivamente seria, Sandro può comunque intervenire sulle reazioni automatiche, dettate da un cervello non intelligente, ossia quello che lo fa piombare in stato d'emergenza.
>
> E così si renderà conto di avere una visione della vita in società che non è sua, personale, ma condizionata dall'educazione e dalla cultura in cui è immerso. E capirà che la sua riflessione neocorticale non la approva affatto. Ecco alcuni suoi pensieri.

Senza lavoro non c'è esistenza sociale.
La considerazione dipende solo dai soldi.
In questa società elitaria si sopravvive solo con lo spirito di competizione.

Riflettendo e ascoltando i propri pensieri, il proprio essere profondo, Sandro può sostituire a questi luoghi comuni una visione più articolata, più sfumata, forse completamente diversa e certamente più personale che gli consentirà di ritrovare l'armonia fra i due cervelli. Così, malgrado il difficile momento che attraversa, riuscirà a ritrovare una serenità interiore, e con essa avrà più probabilità di trovare un altro impiego, anche più attinente ai suoi desideri. Potrà così mettere a frutto questo «incidente di percorso», questo «brutto colpo della vita», per progredire ulteriormente verso il proprio destino ed essere più in pace con se stesso, più felice.

L'emozione è presente solo nella misura in cui la mente è occupata dal condizionamento incriminato, come si può vedere nella storia che segue.

Appena Simona pensa alla propria data di nascita, senza rendersene conto si trasforma: cambiano i tratti del viso, cambia l'atteggiamento, si altera perfino il ritmo della respirazione e il tono muscolare. Sta subendo l'influsso di un pensiero condizionante che, per quanto di natura psichica, ha un impatto nettamente fisico. E, per giunta, in parte inconscio: se chiedete a Simona che cosa le stia accadendo, con ogni probabilità risponderà: «Nulla, perché?»

In realtà, Simona è nata di venerdì 13 ed è convinta di essere segnata dalla malasorte. Alla prima difficoltà, invariabilmente lei pensa: Tutta colpa della mia sfortuna. Lo stato d'emergenza aggiunge, a sua volta, una lunga sequela di effetti negativi: se è uno stato di fuga, Simona è ansiosa e sbadata, dimentica le cose in giro, rompe gli oggetti, si scorda degli appuntamenti; se è invece uno stato di lotta, eccola divenire aggressiva, provocatoria, villana, col risultato di allontanare da sé anche gli amici; infine, se il modello reattivo è quello dell'inibizione, Simona è immusonita e depressa, ai suoi occhi nulla ha più interesse, tutto è nero. Questo condizionamento sulla nascita la perseguiterà per tutta la vita, un veleno che le impedirà di trovare il modo di rilassarsi, che la butterà sistematicamente da Scilla a Cariddi.

Se un giorno Simona si renderà conto di questi meccanismi, penserà alla sua vita come a un'eterna emergenza. E sarà sostanzialmente la verità, a maggior ragione perché questo pensiero condizionato ne ha generato a sua volta altri, assolutamente disapprovati dall'intelligenza neocorticale, con l'effetto di moltiplicarne gli effetti. Per esempio, per corroborare il suo primo condizionamento, quello di essere nata sotto una cattiva stella, Simona ha sviluppato una superstizione generalizzata che le ha invaso l'esistenza. È convinta che nella vita tutto sia questione di fortuna, e che a lei sia andata male.

Riflettendo sulla fondatezza di un simile pregiudizio, lasciando lavorare la propria intelligenza neocorticale (bastano un po' di tempo e un po' di tecnica, magari con un aiuto esterno, per districare il pensiero fisso), l'incubo di Simona finirebbe per sempre. La trappola che tanto l'ha fatta soffrire si aprirebbe e, a uno a uno, tutti i condizionamenti derivati, che il sistema limbico ha costruito sin dall'infanzia per consolidare il condizionamento di fondo, svanirebbero nel nulla.

Simona sente la vita e il mondo come un fardello che le è

stato posto sulle spalle alla nascita; soffre senza tregua sotto il peso delle sue emozioni, pensa che, forse, in un'altra esistenza, avrebbe potuto essere felice. Ma, una volta distrutto il pensiero condizionato che la fa penare, potrebbe rimettere in questione al tempo stesso il suo progetto di vita, le sue occupazioni, le amicizie! Ed essere sempre più felice, sempre più innamorata dell'esistenza grazie a questa libertà ritrovata. Tutto ciò a prescindere dal contenuto della «realtà» esterna, della sofferenza fisica, della sorte, del piacere, degli altri. E a prescindere dall'oroscopo!

Scoprire ed esprimere il proprio essere profondo significa uscire dall'«inferno»* limbico dell'imitazione degli altri, della subordinazione al clan, ed entrare nel «paradiso» dell'intelligenza. Significa esplorare se stessi, accettarsi senza giudicarsi, amarsi per ciò che si è davvero (non nel senso del narcisismo, quindi, ma dell'amore profondo, umile e al contempo esaltato, verso il meraviglioso capitale ricevuto alla nascita); significa espressione autentica di sé, apertura agli altri, accettazione incondizionata del prossimo, amore verso gli altri per ciò che sono davvero, costruzione della propria esistenza istante dopo istante, sensazione di «volare ogni giorno più alto», ogni giorno più lontano, di scoprire un mondo sempre più ricco e affascinante.

Prendere coscienza dei propri automatismi di pensiero e di comportamento equivale a diventare finalmente adulti. E la vita comincia davvero.

Laura conversa normalmente con il marito quando, all'improvviso, assume un'aria depressa e afflitta. Lui le chiede cosa c'è che non va, lei risponde evasiva. Finché, dopo molte

* Evidente riferimento a Jean-Paul Sartre: «L'inferno sono gli altri».

insistenze, ammette: «Poco fa, qualcosa che hai detto mi ha ricordato mia madre, e quando ci penso mi abbatto: da quando è mancata un anno fa, non riesco a riprendermi». Per lei, soffrire a questo pensiero, è normale.

In realtà, Laura confonde una sofferenza che definisco «fisica» (ossia indipendente dal pensiero), dovuta alla separazione, con la sofferenza «psichica» innescata da un'emozione di emergenza, frutto a sua volta di un pensiero automatico fuori luogo.

La separazione da una persona cara produce una sofferenza paragonabile a quella dovuta alla perdita di una parte di sé, come un arto o una funzione fisiologica. I nostri cari sono parte di noi, sono in noi e ogni perdita di contatto comporta una sensazione fisica di mancanza, più o meno intensa. È incontrollabile. Sforzarsi di dimenticarla non serve a nulla, proprio come sforzarsi di affrontarla. Il solo atteggiamento «biologicamente corretto» è accettare questa sofferenza quando ci piove addosso senza caricarla di ulteriori sofferenze psichiche generate dai nostri condizionamenti.

Nel caso di Laura, per esempio, quali sono i pensieri condizionanti che possono metterla in stato d'emergenza? Come individuarli? Ecco un esempio.

Mia madre non c'è più.
Se n'è andata prima che potessimo parlarci a cuore aperto.
È stata colpa mia se è morta, non ho fatto abbastanza.
È morta sola e triste.
Chissà quanto ha sofferto.

Eccetera. Tutti pensieri in apparenza non certo futili, ma che comunque non possono essere accettati dall'intelligenza, che non conosce né la drammatizzazione, né la colpevolizzazione (appannaggio del cervello limbico).

In contrapposizione a questi riflessi limbici, la neocorteccia di Laura formulerà proposizioni interrogative anziché affermazioni perentorie. In risposta al primo pensiero, la sua intelligenza relativizzerà:

> *Comunque in questi ultimi tempi già non l'avevo quasi più davanti agli occhi, e dopotutto non è detto che non la riveda, forse dovrei ripensare il mio rapporto con la spiritualità e la fede.*
>
> *Lei è ancora in me, come è sempre stata, e questo col tempo non cambierà.*
>
> *A che scopo martoriarsi a pensare al futuro, dovrei pensare di più a vivere il presente, chissà che cosa accadrà domani, perché vivere nella paura?*

Per individuare quindi il riflesso condizionato patogeno occorre prestare grande attenzione: è *un* pensiero a far precipitare all'istante Laura dallo stato di felicità allo stato di emergenza, dalla serenità all'emozione. Ma è vero, e verificabile, anche il contrario: eliminato quel pensiero condizionato, la serenità ritorna.

Attenzione a non generalizzare: non tutti i condizionamenti sono patogeni, anzi! La maggior parte dei programmi limbici facilita la vita facendosi carico dei compiti ripetitivi. Soltanto alcuni fanno soffrire, perché non «convalidati» dall'intelligenza; ne bastano pochissimi (anche solo due o tre) per rendere un'esistenza pesantemente infelice. Ma, appena questi vengono eliminati, ecco che essa sorride di nuovo.

Attenzione al pensiero positivo

Attenzione a non confondere il condizionamento patogeno con il pensiero negativo né, analogamente, il pensiero positivo con l'intelligenza neocorticale.

Il pensiero positivo, proprio come il celebre metodo Coué,* è uno *strumento di condizionamento* e non il contrario. Costringersi a vedere la realtà in rosa quando non è così è causa di emergenza, perché l'intelligenza non può che dissentire. Il pensiero positivo recita: «Certo che ce la farai!» «Vedrai che andrà tutto alla grande!» E la neocorteccia, dal canto suo: «Puoi farcela o non farcela, pensa a vivere bene la tua vita, è l'unica cosa che possa renderti felice. Certo, è tutto un azzardo, potresti anche romperti il muso, ma se pensi di abolire il rischio magari ne corri uno anche peggiore, quello di non vivere la tua vita...»

Metodo Coué e pensiero positivo si rivolgono al pensiero limbico, non all'intelligenza. Anzi, sono ispirati da una visione limbica dell'esistenza, in base alla quale per essere felici bisogna «vincere», e in cui ciò che conta davvero è «darsi degli obiettivi ambiziosi» e «superare se stessi» pur di raggiungerli.

Il pensiero intelligente è invece molto più articolato. Per la neocorteccia, lo spirito di competizione è frutto di un condizionamento gregario nato per garantire la gerarchia sociale; per l'intelligenza, «vincere» in sé non ha alcun valore particolare. Centrare un obiettivo non è né un bene né un male: è un dato di fatto, punto e basta.

Fissare degli obiettivi è come attirare un cane con la salsiccia,

* Émile Coué, farmacista e psicologo francese (1857-1926), fu un fervente fautore della psicoterapia basata su autosuggestione e ipnosi. Il metodo che porta il suo nome sfrutta il grande potenziale dell'immaginazione, specie sulla guarigione. Chiedeva ai suoi pazienti di ripetere ad alta voce, mattino e sera, per venti volte la frase: «Ogni giorno vado sempre meglio da ogni punto di vista».

ma noi non siamo quadrupedi e la nostra intelligenza può solo disapprovare metodi del genere. Tanto che, quasi sempre, darsi degli obiettivi provoca l'insorgere di stati di emergenza.

Da dove nascono i condizionamenti?

Il cervello limbico non molla tanto facilmente i suoi condizionamenti, nocivi o meno. Sono saldamente «ancorati» a livello biochimico, un po' come il software in un computer, dato il pericolo insito in un distacco accidentale. Se il software del pilota automatico di un aereo non fosse «blindato», la sicurezza dei passeggeri sarebbe a rischio; analogamente, se il programma degli automatismi che regolano, poniamo, l'atto di scendere le scale, si scollegasse, la caduta sarebbe assicurata. Perciò, per correggere gli errori di programmazione ci vuole un certo impegno e, in particolare, occorre far lavorare l'intelligenza.

Istinto gregario. Buona parte dei nostri pensieri automatici proviene geneticamente da lì; per rimetterli più efficacemente in discussione occorre imparare a scoprirli e ad accettarli, con il tempo e l'esperienza.

Educazione infantile. Un'altra parte di questi automatismi ci viene trasmessa nella primissima parte della nostra esistenza, ossia nella fase in cui l'intelligenza neocorticale individuale è ancora a uno stadio non sviluppato. Il cervello limbico sopperisce alla meglio selezionando i condizionamenti in funzione, in particolare, dell'attendibilità affettiva di chi li impone, assimilando le informazioni in attesa che l'intelligenza sia in grado di operare una cernita (quando, con la crescita, si rivela il nostro sé autentico). L'adolescenza è il momento dello choc, della ribellione, in apparenza contro l'autorità, in realtà contro i condizionamenti che consideriamo costrittivi. A quel punto ci rendiamo conto che tutto ciò che sappiamo è relativo e non assoluto, e ci arrabbiamo con il mondo intero, reo di averci «ingannati». Va così da che mondo è mondo. Buddha insegnava ai suoi discepoli che, una volta imparato tutto, dovevano disimparare per vagliarlo alla luce della propria esperienza diretta, della propria riflessione autonoma. È esattamente ciò che ognuno di noi dovrebbe fare per diventare un adulto. Con una puntualizzazione: non c'è bisogno di passare in rassegna i milioni di programmi introiettati nell'infanzia. Basta lavorare sui soli condizionamenti che innescano uno stato d'urgenza.

Esperienze personali. La terza fonte di pensieri automatici sono le esperienze vissute, l'apprendimento, che possono sfociare talvolta in errori di programmazione.

> Un giorno, camminando sotto un'impalcatura, per poco Alice non si è ritrovata sulla testa un vaso di fiori, proprio come nei film di Charlie Chaplin. Questa esperienza traumatica non è stata filtrata attraverso l'intelligenza e la consapevolezza, e ciò ha prodotto un automatismo: da quel giorno ha evitato tutte le impalcature. Qualche anno dopo, proprio nel compiere meccanicamente questa azione, spostandosi sulla strada, viene investita da un'auto e da allora un'ansia terribile la assale ogni volta che deve scendere dal marciapiede. Una sufficiente riflessione dopo la sua prima disavventura avrebbe programmato il suo cervello limbico non a schivare sistematicamente le impalcature, ma a prestare attenzione, ossia a far uso della capacità di osservazione e di riflessione, e a comportarsi di conseguenza.

L'esperienza è una fonte inestimabile di conoscenza: alimenta al tempo stesso il cervello dell'intelligenza e quello limbico, a patto di darsi il tempo di recepire l'esperienza in tutta la sua dimensione pedagogica.

La coscienza deve analizzare ogni stato d'emergenza che, a parte i casi (meno frequenti per l'uomo d'oggi) di reale minaccia esterna, traduce una censura dell'intelligenza sul pensiero condizionato che essa reputa inadeguato o dannoso.

I condizionamenti sono invisibili

Un condizionamento nocivo trae il suo potere dall'essere invisibile. Riesce a farsi passare per una realtà oggettiva ma, appena viene smascherato, praticamente cessa di esistere. L'intelligenza interviene sopprimendo e modificando, di solito dopo aver affrontato in tutta la sua complessità una problematica che il cervello limbico, per sua stessa natura, non poteva comunque affrontare. Talvolta il condizionamento viene sostituito da un pensiero complesso, non automatico; oppure un riflesso lascia il posto a un altro, più adeguato. Comunque sia, possiamo sempre fare affidamento sull'intelligenza neocorticale: non appena le si lascia spazio, si mette al lavoro, presto e bene.

Essere condizionati è un po' come trovarsi in una stanza con le tapparelle abbassate in pieno giorno: si ha l'impressione che siano già calate le tenebre, ma non appena si capisce che dietro a quella tapparella filtra un po' di luce, basta alzarla e, a quel punto, la stanza viene invasa dalla luce. E si è capito il meccanismo una volta per tutte.

I tabù della felicità

Claudia è infelice perché non esprime tutta la sua potenzialità creativa. Lei, del resto, non sa neppure di averla, visto che spessissimo si è sentita ripetere: «Tu sei proprio una persona senza talento artistico» (cosa che, naturalmente, per l'intelligenza non ha alcun senso, dal momento che dal suo punto di vista «arte» è soltanto l'espressione di ciò che si ha dentro). E così, senza ben capire lei stessa perché, Claudia prova una profonda sensazione di logorio, di inutilità, di vacuità dell'esistenza. Per compensare la mancata realizzazione personale, si soddisfa con piccoli «peccati» come le sigarette, o il cioccolato e così via. Se si sente in colpa e cerca di trattenersi per quanto riguarda il fumo o la gola, è costretta a tacitare il proprio bisogno di compensazione in altri piaceri.

La migliore soluzione per Claudia sarebbe capire che cosa la blocchi, impedendole di vivere la sua vita. Appena avrà trovato la felicità, ossia appena avrà realizzato se stessa, smettere di fumare o di abbuffarsi richiederà solo un piccolo sforzo.

Ogni volta che si ha voglia di concedersi uno sfizio, un dolcetto, una sigaretta, o di lanciarsi nello shopping, c'è una parte di noi che chiede ascolto, che vuole esprimersi e non ci riesce. È un segnale inconfondibile che deve farci riflettere sulla necessità di rimettere in discussione i nostri pensieri e i nostri atti del momento.

Certi comportamenti, certe azioni, sono «proibiti» dal cervello limbico in funzione della storia personale di ognuno. Per esempio, si può «ricevere il consenso» a esprimere la propria sensualità, ma non la propria debolezza. O viceversa. Si può essere autorizzati a esprimere il proprio senso artistico, ma non il proprio gusto per l'ordine e l'autorità. E così via.

Si tratta di tabù che possono rivelarsi grevi di conseguenze, se impediscono di esprimere certi sentimenti o di mettere in atto determinati comportamenti in ambito professionale, nella sfera sociale o in quella affettiva.

Quante donne, soprattutto di una certa generazione, pensano di non poter essere dei leader pur avendone chiaramente le qualità? Non sono state programmate con questa consapevolezza della propria autorità e quindi tentano di esprimerla di riflesso, tramite il marito e i figli. Spesso divengono veri e propri «tiranni domestici», e le prime a subirne le conseguenze sono loro, perché inconsciamente si vietano la possibilità di sviluppare un ruolo autorevole sul piano professionale o associativo. Sono perennemente dedite alla critica, alla denigrazione, alla recriminazione, anziché mettere la propria capacità di leadership al servizio della società (che peraltro ha un bisogno disperato di veri leader!).

A volte è la tenerezza a non essere «autorizzata», altre volte la rabbia, altre ancora la semplice opposizione al prossimo; tutte queste forme di blocco rischiano di rendere la vita un inferno, impedendo azioni e funzioni alle quali, invece, si aspira profondamente.

> Massimo non riesce a essere «tenero» ed evita accuratamente ogni occasione in cui ci sia il benché minimo rischio di manifestazioni sentimentali. La famiglia sa benissimo di questo suo condizionamento: è lui, l'interessato, che ne è all'oscuro. È convinto che la gente sia propensa a smancerie in determinate situazioni che personalmente evita come la peste. Per Massimo, tenerezza è fare la propria parte verso il prossimo, e in particolare verso moglie e figli, e non certo

«perdersi in un mare di melensaggini, ostentazioni pure e semplici».

Caterina non riesce a dire di no a nessuno. Ogni volta che viene interpellata si ritiene in obbligo di accondiscendere, perché «dobbiamo aiutarci l'un l'altro», e poi, «l'egoismo è una cosa odiosa!» E così passa il suo tempo a fare i salti mortali, sforzandosi di accontentare tutti. Non è neppure sfiorata dall'idea di poter opporre un diniego a quelle richieste. Da un lato «non è bello», dall'altro si farebbe dei nemici, la gente non le vorrebbe più bene e la vita diventerebbe insopportabile. In famiglia e sul lavoro hanno capito benissimo che lei è fatta così e se ne approfittano. Ma lei è così contenta di rendersi utile! E sinceramente, aggiunge: «Se non posso, sono la prima a dire di no...»

Per il diretto interessato, i comportamenti proibiti non sono vissuti come dei tabù, ma come comportamenti oggettivamente spregevoli, assurdi o impossibili. Nulla a che vedere con gli atteggiamenti che ci si vieta in modo consapevole, per scelta personale.

Jacques Fradin li chiama *tabù semplici*, e non sono dannosi: so bene che la mia auto può facilmente superare i limiti di velocità, ma preferisco rispettarli, sia per etica personale, sia per paura delle sanzioni. Ecco: questo non è un blocco comportamentale, ma un tabù semplice.

Il problema sorge nel momento in cui non si è consci del tabù. Solitamente sono blocchi costituitisi nella prima infanzia, magari senza neppure che genitori ed educatori se ne rendessero conto. Jacques Fradin li chiama *comportamenti ipofunzionali* o, più colloquialmente, *ipo*. Quando il soggetto affetto da un «ipo» viene a trovarsi in una situazione vicina al suo tabù, mette in atto tutto un meccanismo di evitamento che ha per obiettivo rendere impossibile l'incontro-scontro con il comportamento bloccato.

Stefano non farebbe il buffone per strada neanche se l'ammazzassero: ha un «ipo» sui comportamenti atipici, anomali. Se insistete, prima si arrabbia, poi si ripiega su se stesso. Troverà tutte le ragioni possibili e immaginabili per non prestarsi a un simile gioco. E dire che non avrebbe la benché minima difficoltà a salire su un palco e a tenere una conferenza a un pubblico di tremila persone, o davanti alle telecamere. Ma mettersi a fare lo stupido sotto gli occhi di tutti… mai e poi mai! Sosterrà: «È impensabile» o «Non ha nessun senso», anzi si chiederà come si faccia ad avere delle pensate del genere e se non sia il caso di allentare i rapporti con voi, viste le bambocciate con cui vi divertite.

Sonia, in teatro, non interpreta personaggi perfidi, cattivi o anche solo antipatici. Ciò che a tanti viene così naturale, per lei è quasi impossibile, anche se di solito non ha problemi sulle tavole del palcoscenico. Sonia sciorinerà mille buone ragioni per non recitare quella parte; se farete appello al suo lato intelligente dicendole che le conviene affrontare questa difficoltà, o se vi rivolgerete al fronte dei condizionamenti facendole pesare che vi sta contrariando e che sta mandando all'aria un progetto a cui tenevate tanto, allora forse accetterà, anche se a denti stretti. Tanto, state pur certi che il giorno della rappresentazione avrà il mal di pancia, l'influenza, o perderà l'autobus. In parole povere, metterà in atto una strategia di evitamento.

Nella vita di ogni giorno gli esempi non mancano: è bene esercitarsi a individuarli e a osservare sia le tecniche di evitamento sistematico, sia lo stato d'emergenza sempre più intenso a mano a mano che ci si avvicina al comportamento bloccato.

Questo handicap (perché si tratta effettivamente di una parziale riduzione di mobilità psichica) non sarebbe così grave se non facesse da ostacolo alla realizzazione di sé. E nell'essere umano nulla è più forte del bisogno di seguire fino in fondo il proprio destino, di andare in fondo a se stesso. Se un tabù si mette di traverso, ecco che noi sviluppiamo, senza capire perché, una serie di comportamenti di sostituzione destinati a compensare la mancata realizzazione esistenziale. La nostra biochimica comportamentale, così sofisticata, le tenta tutte pur di rispondere ai bisogni iniziali attraverso una via «lecita». Ecco come nascono i comportamenti *iperfunzionali* (o *iper*), ripetuti incessantemente, ma anche senza nessun giovamento. E non è un caso: dato che assolvono solo in minima parte all'obiettivo inconscio, e pertanto vengono continuamente reiterati, come appagare a ogni costo il bisogno iniziale.

> Giulio ha un blocco sul fare avance alle ragazze. Non è questione di correttezza o rispetto, ma di un vero e proprio tabù. Un «ipo». Ma lui non lo sa e, nei fatti, assimila anche il solo aprir bocca davanti a una donna a un volgare «provarci».

Abbiamo già visto che un blocco è un condizionamento e che come tale agisce in modo grossolano e approssimativo (solo la neocorteccia è capace di operare in modo sottile). Nel caso di Giulio, siamo in presenza di un comportamento riflesso indotto da un condizionamento della prima infanzia, a causa del quale ora lui censura il flirt quasi quanto lo stupro. Può darsi benissimo che questo «ipo» derivi direttamente da quelli dei suoi genitori, ma non è detto. Come appagare il bisogno di relazioni affettive, amorose? Il cervello di Giulio dovrebbe trovare altri stratagemmi per ottenere un risultato paragonabile, ma non è possibile. Per dire qualcosa a qualcuno non c'è nulla di più efficace dell'approccio diretto. Imbastisce allora dei comportamenti di sostituzione, ma con risultati talmente scarsi che è costretto a ripeterli, trasformandoli in «iper». Per esempio: Giulio fa il brillante inconsciamente per sedurre chi gli sta intorno. Lavora come un matto, trascorre pochissimo tempo con gli amici e spera segretamente (o nel subconscio) che la ragazza a cui avrebbe voluto rivolgere la parola si trovi prima o poi fra coloro che saranno attratti dalla sua verve. Così il suo cervello escogita tutta una serie di comportamenti di sostituzione che plasmeranno l'immagine e la vita di questo giovane uomo, portandolo addirittura verso attività professionali molto diverse da quelle che avrebbe desiderato a livello profondo, ma anche verso rapporti affettivi non meno differenti. Una vita di rinunce e di frustrazione, «solo» per un «piccolo» tabù!

Gli «ipo» sono all'origine di quasi tutte le nostre sofferenze profonde: da un lato, ci impediscono lungamente l'accesso a una parte di noi, e questa è già una limitazione, anche molto forte, che può essere considerata una vera e propria mancanza. In questo senso, senza saperlo siamo tutti handicappati. Dall'altro, scatenano a titolo di compensazione un eccesso di comportamenti che, pur non essendo propriamente patologici, rischiano di diventarlo a forza di ripetersi. È il caso della ricerca sistematica di seduzione, o della bulimia, o dell'annullamento di sé nel lavoro e nello sport. Anche quando ci si rende conto dell'assurdità di quella replicazione, non si riesce comunque a rinunciarvi. Si fanno dei tentativi, ogni tanto si cercherà di reprimersi, ma prima o poi il sistema riesploderà di nuovo, più virulento di prima.

Tutto sarà inutile, fino a quando si prenderà coscienza del

tabù e si riuscirà a neutralizzarlo. È il solo modo di accettare ed esprimere più compiutamente il proprio essere profondo.

Claudia, grazie a un incontro «fortuito» (ma che in realtà è il punto d'arrivo di una lunga serie di tentativi inconsci per evadere dalla prigione), scopre di colpo la propria vocazione artistica e di punto in bianco la sua vita diviene più bella: irradia felicità, come un sole improvvisamente rivelato dalle nubi che si dileguano.

Caterina, bloccata da una malattia, scopre di saper dire «no» a ciò che non le va a genio, e dall'oggi al domani la sua vita cambia.

Fatti per essere felici

In sintesi

- ✓ Gli esseri umani sono concepiti per essere felici. Tutti, senza eccezioni!
- ✓ La felicità è la radiosa sensazione di pienezza che ci pervade quando siamo noi stessi, quando esprimiamo il nostro essere profondo.
- ✓ A ogni sensazione gradevole nell'uomo corrisponde una funzione biologica, psicologica o spirituale: il piacere fisico guida l'individuo verso la sopravvivenza, il piacere psichico incita all'integrazione sociale, il piacere neocorticale (la felicità) guida l'uomo al compimento del suo destino biologico e trascendente.
- ✓ La felicità è dunque peculiare dell'essere umano, perché legata alla parte neocorticale del cervello, sede dell'intelligenza razionale e intuitiva.
- ✓ A impedirci di essere felici sono certe convinzioni, o certi condizionamenti, in genere risalenti all'infanzia o scritti nel nostro codice genetico, che ci rendono impossibile essere noi stessi. Anche se poco numerosi, questi freni possono rivelarsi molto potenti, specie se non se ne ha coscienza.

segue

- ✓ Per combatterli più efficacemente, è possibile smascherarli grazie a un meccanismo messo a punto di recente da Jacques Fradin sulle orme di Henri Laborit. Questo meccanismo individua nelle emozioni la spia di un conflitto fra intelligenza e condizionamento che impedisce di esprimere il proprio essere profondo, e quindi di raggiungere la felicità, ma anche di compiere il proprio destino biologico e trascendente.
- ✓ Ecco perché è importante capire a fondo il ruolo essenziale delle emozioni, finora interpretate e sfruttate in senso opposto a quella che sarebbe la loro vera funzione.
- ✓ Scegliere la felicità dipende solo da noi. È solo questione di rimboccarsi le maniche, perché:

1. È ben più piacevole vivere felici che infelici!
2. La felicità permette di ottimizzare tutte le funzioni vitali, fisiche e psichiche.
3. Coltivare la propria felicità è l'unico modo di rendere felici gli altri (nel senso che abbiamo dato alla felicità in questa sede!).
4. La ricerca attiva della propria felicità è forse il miglior modo di onorare il grande disegno di vita in cui è stato collocato l'essere umano.

PARTE SECONDA

Cambiate la vostra vita in sei mesi

La ginnastica della felicità

Per trovare e consolidare la felicità, come per ogni altra disciplina, bisogna allenarsi. Anzitutto per liberarsi di buona parte dei condizionamenti patogeni, ma anche per dare spazio al proprio essere profondo, e infine per evitare il formarsi di nuovi blocchi. Come per la ginnastica, possiamo lavorare in autonomia o sotto la guida di un istruttore, in questo caso uno psicologo, purché di preferenza *comportamentista cognitivista*,* che solleciterà la nostra capacità di ragionamento per proporci quindi di modificare i condizionamenti che ci fanno soffrire.

Senza altri indugi, vi propongo qui un certo numero di esercizi che agevoleranno enormemente il vostro percorso verso la felicità. Sono tutti esercizi che reputo *indispensabili* e l'ordine in cui sono esposti non è affatto casuale.

Si basano sulle tesi enunciate nel primo capitolo. Prima di iniziare, vi invito a rileggere la Parte prima di questo libro in modo da assimilare adeguatamente i fondamenti delle tesi che ho illustrato. Prendete appunti, sottolineate i passaggi che vi

* Per ulteriori informazioni, potete provare a rivolgervi alla Federazione Italiana delle Associazioni di Psicoterapia (FIAP), via Magna Grecia 128, Roma - www.fiap.info (*N.d.R.*).

sembrano importanti o difficili, tracciate degli schemini a vostro uso. Non fatevi ingannare dall'apparente semplicità di quelle basi. Una semplicità alla quale tengo molto e sulla quale ho lavorato non poco, perché sono convinto che più le problematiche sono complesse, più è necessario sforzarsi di esprimerle in termini semplici. Parte di questi concetti sono infatti difficili e/o vanno controcorrente, il che richiede di assimilarli a fondo.

A questo punto, verificate la vostra motivazione a progredire verso un più elevato grado di felicità. Organizzate gli impegni quotidiani in modo da potervi includere almeno un quarto d'ora, se possibile mezz'ora, di «ginnastica della felicità» al giorno. Cominciate pure dagli esercizi che vi sembrano più gradevoli, più facili, ma poi passate subito a quelli che trovate seccanti o noiosi. Sono forse proprio quelli di cui avete maggiormente bisogno. E infine, prima di iniziare, fate un po' il punto della vostra esistenza: gioie e dolori, senso di successo o di fallimento e relativamente a che cosa, livello di stress (ansia, aggressività, depressione), rapporti con il vostro ambito affettivo e professionale, stato di salute fisica. Vedrete che, con i primi progressi, inizierete a dimenticare come vi sentivate prima!

5

Definite la vostra filosofia

SPESSO si ha l'impressione di vivere in base ai propri principi, di seguire la propria strada, mentre in realtà si percorrono solo strade tracciate da altri, dai nostri condizionamenti, dalle nostre abitudini, dalle nostre convinzioni superficiali.

Ora vi state accingendo a rivedere i vostri automatismi e a sostituirli, se non l'avete già fatto, con pensieri e comportamenti convalidati davvero da una riflessione personale. Questa operazione avrà l'effetto di mettere i vostri atti in sintonia con le vostre convinzioni profonde; con ciò, in voi si farà strada molto presto, e con gran vigore, la sensazione di felicità.

Praticando questi esercizi un quarto d'ora al giorno, nell'arco di sei mesi la vostra vita sarà completamente cambiata: ve lo garantisco!

Imparate a conoscervi

Ecco il miglior modo di imparare a conoscere se stessi, un metodo semplice basato sul funzionamento dei tre cervelli (*vedi* box a p. 11): approfondire gli ambiti che fanno nascere in noi un'emozione anche solo evocandoli. Mi riferisco a concetti come *coraggio, volontà, egoismo, generosità, senso di colpa, onestà, tristezza, stupidità, senso del ridicolo, volgarità, morte, amore* eccetera.

Fate una prova: pronunciate a mente una di queste parole concentrandovi su ciò che essa rappresenta per voi e notate la comparsa di una lieve emozione (*vedi* schema a p. 37). Per fare un esempio, la mera evocazione del termine *ridicolo* spesso fa nascere un leggero disagio (stato di fuga, *vedi* box a p. 27); il termine *egoismo*, disagio e rabbia; le parole *amore* o *felicità* una certa forma di tenerezza o di imbarazzo, e magari un filo di tristezza; il vocabolo *volgarità* spesso desta una sensazione di aggressività, così come il termine *stupidità*. Queste lievi emozioni, quasi impercettibili, sono al tempo stesso la riprova e l'effetto di un dissidio fra il pensiero neocorticale e l'insieme, piuttosto vago, di tutti i condizionamenti e gli automatismi gregari che il cervello limbico ha immagazzinato attorno a quei concetti. È su di loro che dovete lavorare per chiarire che cosa significhino per voi in ambedue i cervelli.

Per ogni grande ambito dell'esistenza, vi propongo pertanto di passare da un pensiero riflesso limbico, perentorio e vago al tempo stesso, superficiale, impersonale e rigido, a una riflessione neocorticale aperta, articolata, precisa, sottile e complessa, flessibile e peculiare a voi soltanto.

Non dimentichiamo che per *l'intelligenza neocorticale*, le verità assolute non esistono, tutto ciò che è evidente può risultare ingannevole, non vi sono pensieri rigidi, nulla è davvero «grave», così come nulla è davvero «importante», tutto è relativo, evolutivo e complesso; per *il cervello limbico*, tutto deve essere chiaro e netto, tutto è bene o male, triste o allegro, positivo o negativo, semplice o complicato, la verità deve essere ovvia, ci sono cose importanti e altre che non lo sono, persone importanti e altre che non contano (*vedi* tabella a p. 23).

Enrico ha del coraggio un'idea preconcetta, piuttosto vaga, un po' rigida, che lo porta a ritenerlo una virtù essenziale, ciò che fa «di un uomo un uomo», mentre il suo opposto, la viltà, è un atteggiamento spregevole e criticabile. In funzione delle situazioni in cui si viene a trovare, classifica le persone come coraggiose o vigliacche, un metro con cui valuta il loro grado di frequentabilità. Ha trascorso la vita a tentare di dimostrare a se stesso di essere una persona coraggiosa, ma sotto sotto è convinto del contrario, o quasi. E infatti, su questo criterio vitale, fondamentale, Enrico non è capace del benché minimo distacco cognitivo. Se gli chiedete che cosa sia il coraggio, lui pensa che lo prendiate in giro, che gli facciate una domanda provocatoria, data la lampante ovvietà della risposta. Ma se lo mettete alle strette, a quel punto tirerà fuori alla rinfusa parole come *difficoltà*, *rischio*, *paura*. Naturalmente la sua neocorteccia non può approvare una simile «non analisi» limbica, né giudizi tanto superficiali come il suo moralismo colpevolizzante e, ogni volta che nel pensiero di Enrico affiora la nozione di coraggio, si mette in moto un meccanismo d'allerta, con tanto di emozione associata, solitamente l'aggressività. E così la sua esistenza è solo l'ombra di ciò che potrebbe essere, perché ogni volta che è tentato da un'esperienza nuova, personale o professionale, lui la giudica sempre in base a questo suo parametro distorto del coraggio, col risultato di prendere le decisioni sbagliate. Enrico è un infelice.

Finché un giorno è spinto ad approfondire la riflessione sul tema del coraggio, scoprendo così l'estrema ambiguità di un simile concetto.

Il coraggio non è necessariamente una virtù: per trovare la felicità non basta affrontare le proprie paure. Occorre anche una giusta causa. Esistono quindi due forme di coraggio. Un «coraggio intelligente», il coraggio di essere se stessi, il coraggio di rimettere in discussione le proprie convinzioni, i propri condizionamenti o di affrontare i veri nemici in modo sereno; e un «coraggio limbico», che incita a lottare contro i nostri «nemici limbici» correndo in questo modo il rischio di fare la guerra al proprio essere profondo, al proprio credo, alla propria visione dell'esistenza, alla propria natura profonda.

- Il *coraggio intelligente* spinge ad agire in linea con il proprio pensiero neocorticale, dando spazio al proprio essere profondo.
- Il *coraggio limbico* incita a fare ciò che gli altri si attendono da noi.
- Il *coraggio intelligente* porta alla libertà e alla felicità, nostre e altrui.
- Il *coraggio limbico* porta all'intolleranza, a lasciarsi accecare, alla violenza distruttiva e contagiosa, all'impero delle emozioni.

Quando comincia a riflettere sul concetto di coraggio, Enrico scopre quanto il suo convincimento si presti a essere strumentalizzato politicamente e sfruttato socialmente: in buona sostanza, è divenuto uno strumento di manipolazione.

Questa analisi lo porta allora a modificare in profondità il concetto che ha di sé, a ragionare in termini di condizionamento e di spazio di libertà anziché in termini di valori, di «bene» e «male». In conseguenza di ciò, inoltre, cambia abitudini e modalità relazionali: inizia a trovare un po' meno simpatici coloro che prima riteneva coraggiosi, e meno spregevoli coloro che prima riteneva, per così dire, vigliacchi. In realtà, inizia a distinguere un'infinità di sfumature delle quali non sospettava neppure l'impatto psicologico e sociale. E comincia a rilassarsi. È più contento. Tutto grazie a una semplice riflessione, in verità neanche tanto lunga. Sono bastate un paio d'ore – per esempio in compagnia di un libro che favorisca la consapevolezza (mentre ce ne sono tanti che invece la inibiscono) – per cambiare tutta un'esistenza.

ESERCIZIO

E *voi*, che opinione avete del coraggio? Vi suggerisco di prendere un foglio e di dedicare un quarto d'ora a scrivere tutto ciò che pensate al riguardo.

All'inizio sarà piuttosto facile, partirete esprimendo il vostro accordo o disaccordo con le mie parole, ma vedrete che dopo qualche minuto sarete già bloccati. E avrete l'impressione di avere detto tutto ciò che c'era da dire, esaurendo i contenuti della vostra memoria programmata, del limbico. Ma non avrete ancora attinto alla ricchezza della neocorteccia, della vostra intelligenza personale. E il bello viene proprio qui. Sarà necessario insistere, affrontare la sensazione di vuoto, l'ansia della pagina bianca, la vocina che si tratti di un'operazione idiota, che c'è di meglio da fare, che avete fame eccetera. Tutti questi commenti provengono dal sistema limbico che recalcitra e tenta di farvi recedere dall'intenzione di dare spazio alla neocorteccia. Ma non badategli e vedrete che, nel giro di qualche minuto, il sistema limbico cederà alla pressione della neocorteccia. Il masso che chiude la grotta del tesoro inizierà a scostarsi e, da quel momento, si sposterà ogni volta che vorrete entrare.

Ripetete l'operazione anche l'indomani e constaterete che, dopo qualche resistenza limbica, vi ritroverete subito in collegamento diretto con la vostra ricchezza profonda e, a poco a poco, dalla penna affluirà un torrente di idee. Ne resterete meravigliati e sorpresi. È la strada della felicità.

Dopo qualche giorno dedicato al tema del coraggio, vi propongo di passare a un altro argomento, in modo da proseguire l'esplorazione della vostra intelligenza, del vostro pensiero, della vostra enciclopedia personale, della vostra filosofia.

SUGGERIMENTI

Ecco un elenco di parole che vi guideranno verso i campi da esplorare con la mente. La lista, ovviamente, non è esauriente e voi stessi potreste proporne un'altra. Ma quale che sia la scelta, abbiate cura di scegliere di preferenza i vocaboli che, in voi, destano l'eco di un'emozione.

Su ognuno dei termini elencati, mi sono permesso di esprimere, a mo' di innesco, una breve riflessione personale di tipo «socialmente scorretto». Non è per spingervi alla trasgressione intellettuale, ma solo per aiutarvi a evitare la trappola delle convenzioni, e per incitarvi a rimanere nell'ambito di ciò che è personale.

MORALE: insieme di regole definite dai potenti per incitare il popolo ad adeguarsi alle loro esigenze; antenata dell'etica, come l'aristocrazia è l'antenata della democrazia.

RELIGIONE: pratica molto utile che si regge su dogmi sorpassati.

MORTE: stupefacente faro ansiogeno che illumina la vita, ma che si fa una gran fatica ad accettare.

DIO: un'evidenza di cui l'uomo ha immediatamente percepito e riconosciuto l'esistenza e le cui definizioni evolvono di pari passo con l'evolvere del sapere scientifico dell'umanità.

CORAGGIO: una delle chiavi della felicità, a condizione che sia utilizzata in modo adeguato.

ONESTÀ: come valore assoluto non ha molto senso, eppure si tratta di un concetto talmente ricco da essere stato ampiamente sfruttato nel diritto, in sociologia, nella morale, nella religione e nel linguaggio corrente.

VOLONTÀ: come il coraggio, forza cieca alla quale conviene affiancare l'intelligenza.

LIBERTÀ: la felicità è essere mentalmente liberi, la libertà è sempre uno spogliarsi di qualcosa.

NATURA (INDOLE): concetto obsoleto, non più suffragato da alcun riscontro scientifico né filosofico. Eppure...

SESSO: la ciliegina sulla torta della vita, un rimedio alle difficoltà di comunicazione, una fonte di problemi di comunicazione, una sorgente inesauribile di fantasie, condizionamenti, blocchi ed energia! Insomma, per il Creatore doveva proprio trattarsi di qualcosa di importante.☺

SPONTANEITÀ: a torto esaltata, come la «natura» delle persone. In realtà è una manifestazione del pensiero riflesso, e dunque condizionata, impersonale, e pertanto poco intelligente. Sinonimo infondato di autenticità.

COSCIENZA: è la parte del pensiero che scorre sullo schermo della nostra mentre. Resta però da chiarire che cosa porti un pensiero dal subconscio allo stato conscio, e viceversa. È frutto di volontà e ascesi. Non va d'accordo con la distrazione, che ne riduce considerevolmente il potenziale.

GIUDIZIO (SENNO): incredibile concentrato di valori negativi! Essere giudiziosi rinvia immediatamente alla *sofferenza*; perfino i denti del giudizio fanno soffrire. Evoca la *noia* (i vecchi saggi sono dei barbogi, quelli giovani dei pedanti); evoca la *tristezza* («metti giudizio» significa «smetti di divertirti», l'«età della ragione» è quella in cui bisogna iniziare ad avere delle preoccupazioni e a lavorare). C'è molto da fare per riconciliare il significato primario della saggezza, ossia la *conoscenza*, con la gioia di vivere e la felicità su questa Terra.

VECCHIAIA O INVECCHIAMENTO: la chiave della felicità, se si riesce a superare le proprie paure.

VOLGARITÀ: libertà nei comportamenti che noi non abbiamo, ma qualcun altro sì.

FEDELTÀ: è una constatazione («sono i cani a essere fedeli al padrone»); a meno che non sia una virtù, di cui però devono ancora essere dimostrati gli aspetti virtuosi.

STUPIDITÀ: giudizio limbico che noi diamo agli altri, al solo scopo di sentirci rassicurati sulla nostra intelligenza. È la spia delle nostre paure ed è sempre fuori luogo.

SCIENZA: favolosa avventura esclusivamente umana. È un prodotto della nostra neocorteccia ed è grazie alla scienza che oggi io posso presentarvi nuove ipotesi sul funzionamento della felicità e la differenza rispetto al piacere. Ma troppo spesso la scienza si erge a dogma...

IMPEGNO: designa l'energia necessaria per fare ciò che non si ha voglia di fare. È inversamente proporzionale alla motivazione. Strumento privilegiato della cultura giudaico-cristiana, come il coraggio e la volontà si presta all'indottrinamento e favorisce i sensi di colpa.

CERTEZZA: concetto divenuto oggi inutile sia per l'intelligenza, sia per la scienza, che sanno ormai costruire i progressi del sapere proprio sul dubbio, che così assurge a valore esistenziale.

REALTÀ: deriva sia da una sensazione fisica prodotta dai cinque sensi, sia da una sensazione mentale sostanzialmente limbica: ciò che esiste, ciò che è vero. In ogni caso si tratta di un sentimento, di una sensazione, un desiderio, e tutto porta a credere che la realtà come tale non esista.

LIBERO ARBITRIO: concetto lievemente presuntuoso, inerente alla condizione umana. Sul piano psicologico come su quello filosofico, abbiamo bisogno di sentirci liberi di decidere delle nostre vite anche se, obiettivamente, è evidente la nostra subordinazione agli innumerevoli fili che intessono il nostro passato fino alle decisioni che assumiamo in ogni istante. Un paradosso che racchiude in sé l'essenza del mistero dell'esistenza.

INTELLIGENZA: troppo spesso ridotta a capacità di risolvere problemi come un rubinetto che perde.

PASSIONE: prodotto di un'attrazione fisiologica e di un'emozione patologica.

Questi vocaboli che designano un concetto sono solo spunti di riflessione; voi dovete fare riferimento soprattutto a quello che è il vostro bagaglio. Potrete ugualmente lavorare sulle problematiche della società moderna, quelle che campeggiano sui giornali o in televisione.

Tuttavia, già con questa prima lista di argomenti viene coperta gran parte delle credenze che affondano le proprie radici nella cultura. Un lavoro personale vi permetterà dunque di prendere una posizione tutta vostra rispetto al pensiero collettivo e di definire un percorso autonomo. Fate un paio di conti: un quarto d'ora al giorno, ciascun concetto trattato cinque volte, e in pochi mesi avrete di che scrivere un libro grazie soltanto alle vostre riflessioni.

Anzi, vi consiglio anche di conservarlo, di rileggerlo spesso, per aggiornarlo ma anche per constatare con quale velocità la vostra intelligenza progredisca in modo spettacolare. Basta attivarla per trarne il massimo.

La felicità è lì, a portata di intelligenza. Bisogna solo sollecitarla.

Riepilogando

- ✓ Per essere felici, occorre anzitutto esprimere ciò che si pensa davvero, ciò di cui si è convinti nel proprio intimo.
- ✓ Bisogna quindi darsi il tempo di riflettere e di partorire la propria filosofia neocorticale.
- ✓ Dedicate un quarto d'ora al giorno a scrivere sul vostro personale «libro di filosofia» ciò che pensate a proposito dei temi che più vi stanno a cuore.
- ✓ Scrivete così la vostra filosofia personale, conservatela, rileggetela, affinatela e... applicatela!

6

Gestite le emozioni

Quando si è alterati, per la neocorteccia è molto difficile fare il suo lavoro. Occorre quindi imparare a ridurre numero e intensità degli stati d'emergenza.

Sulle prime è dura. Si scopre con disappunto di avere passato gran parte della propria vita sotto il peso delle emozioni. E i momenti di pace interiore sono rari.

Osservate gli altri

Per prendere coscienza fino in fondo di questa realtà, occorre osservare gli altri nelle loro reazioni: come passano dall'*attivazione dell'azione* allo *stato d'emergenza*, come si arroccano sulle proprie emozioni, alterandosi completamente... e come basti farli pensare ad altro per riportarli allo stato di quiete.

In quest'opera di osservazione, all'inizio capita spesso di lasciarsi coinvolgere emotivamente, cadendo così nella trappola del proprio cervello limbico. È lo stesso meccanismo che entra in gioco quando si tenta di smettere di fumare, ma si è gomito a gomito con un altro fumatore: stesso problema, stessa soluzione! Occorre allora ripercorrere con la mente il meccanismo degli stati d'emergenza, ricordarsi della propria motivazione a perseguire la felicità, sdrammatizzare le emozioni e divertirsi, come un detective, a scovare il pensiero «criminale» suscitato in noi dal nostro oggetto di osservazione.

A poco a poco, a forza di osservare gli altri e di analizzare obiettivamente il meccanismo delle emozioni, giungerete ad applicare il medesimo metodo sui vostri stessi stati d'emergenza, le loro cause, e in questo modo evitarli fino a eliminarli del tutto.

Tale lavoro può richiedere circa sei mesi, come lavoro di conoscenza di sé, secondo una sequenza di questo tipo.

1. *Acquisite dimestichezza con il meccanismo delle emozioni.* Rileggete spesso le prime pagine di questo libro o le opere di Jacques e Fanny Fradin.* In effetti, davanti a un condizionamento il primo lavoro da fare è di natura «cognitiva». Occorre capire questo meccanismo e farne propria l'analisi fino a poterla illustrare chiaramente ad altre persone.

2. *Praticate l'osservazione sistematica degli altri con lo stesso spirito di un entomologo.* Iniziate osservando famigliari, amici, colleghi, sconosciuti in cui vi imbattete. Allenatevi a individuare le differenze fra lo stato di attivazione dell'azione e i diversi stati d'emergenza dell'istinto, tentando di individuare le motivazioni più vere di ciascun comportamento. A questo fine è poco importante saper distinguere fra lotta, fuga e inibizione dell'azione. L'essenziale è sapersi rendere conto dell'emergenza negli altri, così da imparare a individuarla anche in noi, e arrivare a capi-

* In particolare, scritto da Jacques Fradin: *L'intelligence du stress*, cit.; scritto da entrambi: *La thérapie neurocognitive et comportamentale*, cit.; *Personnalité et psychophysiopatologie*, cit.

re che c'è un problema da risolvere a livello limbico. Il vostro «oggetto di osservazione» cerca di essere rassicurato, di trovare sfogo, di autoconvincersi, perso nel proprio sistema limbico? Oppure, in modalità neocorticale, ha voglia di condividere le informazioni, di avviare un'impresa in società, di sottoporvi un progetto? Le motivazioni rettiliane, poi, quelle sono le più semplici da decifrare!

Osservare gli altri pretende un minimo di distacco che, all'inizio, può risultarvi ostico. Ma se temete di perdere naturalezza nei rapporti con coloro che vi sono cari, sappiate che non è così: un melomane, tramite l'analisi della musica, rinsalda la propria passione.

A ogni buon conto, il perseguimento della felicità presuppone di prendere un minimo di distanza dal sistema limbico, un'operazione fortemente osteggiata dal sistema stesso. L'osservazione è essenziale per acquisire un duplice punto di vista (coinvolto e distaccato) su cose e persone, e pertanto su noi stessi. Un dualismo che consentirà di scegliere che prospettiva adottare rispetto alle nostre esistenze e alla vita in generale.

3. *Progressivamente, cercate di cambiare obiettivo e di praticare l'autosservazione*. Con un minimo di esercizio riuscirete a scoprire le avvisaglie dello stato d'emergenza: quel lieve fremito interiore che accompagna lo stato di fuga; l'innalzarsi del tono di voce e una sensazione di calore al volto nello stato di lotta; un senso di abbattimento proprio dell'inibizione. Per constatare la componente psichica di questa condizione emotiva, basta variare il contenuto dei pensieri esattamente come si cambia canale alla TV, e stare a guardare. Se lo stato d'animo varia in funzione dei pensieri è la segnalazione di un'emergenza. La consapevolezza di essere davanti a un'emozione deve però condurre subito a un'altra conclusione: essa è causata dal dissidio fra intelligenza

e cervello limbico in merito a un determinato pensiero che, affiorando alla sfera del conscio, viene censurato. Dunque va rivisto, ripensato; se non restituirete subito il comando all'intelligenza, rischierete di trovarvi in disaccordo con il vostro essere profondo, con i vostri desideri esistenziali.

Si può rischiare addirittura di rimetterci le penne: pensate a quante volte siete arrivati a un pelo dalla catastrofe, per esempio evitando per miracolo un incidente in auto (a mio avviso, fra le patologie legate allo stress andrebbero inclusi anche quasi tutti gli incidenti stradali!) magari per la troppa fretta, o per la rabbia, o per l'ansia...

> Caterina non stava bene, ma ha accettato ugualmente di accompagnare un'amica in un'escursione in alta montagna, per non contrariarla. E così ha avuto un malore rischiando brutte conseguenze, solo per non essersi fermata ad analizzare lo stato di emergenza che era insorto in lei. Sentiva che non era il caso di cimentarsi in quell'impresa ma, come abbiamo già visto nel capitolo precedente, soffriva di un condizionamento rispetto alla disponibilità, per non dire al sacrificio, e questo blocco la incitava a ignorare i segnali contrari. In realtà era comparso un lieve senso di irritazione, ma l'aveva attribuito alle troppe pretese delle persone che la circondavano. Imparando a osservare gli altri e quindi se stessa, e riconoscendo in sé i segni dell'emergenza, Caterina dedicherà qualche minuto ad ascoltarsi, fisicamente e psichicamente, e saprà prendere le decisioni migliori.

Sul piano personale e professionale, agire in base a un pensiero automatico biasimato dall'intelligenza è fonte certa di guai. Ecco perché l'allarme emotivo deve dare la sveglia alla coscienza. È un processo che ricorda il sistema di pilotaggio degli aerei:

per la maggior parte del volo, a decidere è il pilota automatico, con il beneplacito del comandante che può dedicarsi ad altre operazioni. Il dispositivo di solito se la cava egregiamente (anzi, contrariamente a quanto vorrebbe un certo snobismo, il pilota automatico se la cava molto meglio dell'uomo, salvo in condizioni estreme) ma attenzione, può guastarsi, o andare in tilt! Esattamente come il cervello limbico. Ecco perché occorre che il comandante resti sempre vigile e pronto a riprendere i comandi alla prima anomalia.

4. *Non reprimete un'emozione, ma anzi «confessatela» a chi si trova con voi, prendendo però un minimo di distacco.* «Scusami, mi rendo conto di essere arrabbiato, tu non c'entri nulla, è solo un mio conflitto interno che devo gestire. Ti spiacerebbe sospendere questa discussione per qualche minuto?» Approfittate della «pausa» per una rapida meditazione, o per determinare le cause di quell'emozione, oppure per sfogarla fisicamente. Lo sfogo va scelto in rapporto al tipo d'emergenza: allontanarvi se siete «in fuga», svolgere una vigorosa attività fisica se siete «in lotta», schiacciare un pisolino se siete «in inibizione».

5. *Cercate di scoprire il pensiero incriminato* e mettetevi al lavoro per smontarlo. All'inizio è meglio farsi assistere da un amico (o da un terapeuta) che vi aiuterà a smontare quel pensiero, ad analizzarlo, a criticarlo e a riformularlo.

Per esempio, Maria si rende perfettamente conto di essere in stato d'emergenza ogni volta che pensa a quanto è grassa, ma non immagina che il solo *pensiero* sia all'origine della sua agitazione. È convinta che a scatenare l'emergenza sia il *fatto* di essere troppo grassa. Solo con l'aiuto di un'altra persona potrà trovare il distacco necessario rispetto al condizionamento e ridare spazio alla propria intelligenza al riguardo.

Riepilogando

- ✓ Per imparare a gestire le proprie emozioni, non vi è nulla di meglio che osservare gli altri.
- ✓ È così che si capisce di essere spesso tristi, agitati o aggressivi, ossia lontani dal proprio «stato di normalità».
- ✓ Ma non essere se stessi significa non essere liberi di esprimersi davvero, perché dominati dal cervello limbico, dallo stress.
- ✓ È dunque essenziale essere in grado di individuare quegli stati emotivi così frequenti e così dannosi per noi e per chi ci sta accanto.
- ✓ È una ginnastica che si tramuterà ben presto in abilità prima, in una vera e propria arte poi.
- ✓ Non esitate a prendere appunti la sera, sul vostro «diario di bordo», su tutte le constatazioni che avrete accumulato nel corso della giornata. Poiché spesso le nostre constatazioni sono a dir poco fugaci, vi consiglio di tenere sempre a portata di mano un registratore tascabile.

7

Meditate un quarto d'ora al giorno

Il termine *meditazione* è ambiguo. Fa pensare a una pratica un poco bizzarra e sostanzialmente mentale. Invece io vi propongo di vedere la meditazione come un esercizio fisico, un momento di riposo assolutamente piacevole, da ripetere se possibile più volte nella giornata.

La principale difficoltà di questo esercizio è proprio trascorrere un breve momento da soli con se stessi, lontano dal rumore, dall'agitazione, dallo stress e accettare di «perdere» un po' di tempo. Che ovviamente non è buttato, anzi! Il solo fatto di sottrarsi per un poco alla frenesia di ogni giorno serve ad azzerare il contatore, a ritrovare una scala di priorità fra le proprie esigenze, a ricordarsi del proprio progetto di vita, a rendersi conto, per esempio, che si stava dedicando troppo tempo a un'operazione inutile o non pertinente. Capita spesso che cinque minuti di meditazione facciano risparmiare una trasferta decisa troppo in fretta, o una riunione tanto lunga quanto inutile.

Riflettere con calma consente di utilizzare al meglio una risorsa essenziale come il tempo e di vivere davvero la propria vita, in modo consapevole, senza pressioni di varia natura.

Solo il silenzio e la calma permettono un vero incontro

con noi stessi, senza l'agitazione mentale che, invece, è terreno fertile per il condizionamento. Il silenzio permette all'intimo di esprimersi.

Sarà quindi necessario verificare che l'organizzazione quotidiana vi consenta momenti e spazi di silenzio (oggigiorno la cosa più difficile da ottenere). Dopo il tempo dedicato alla famiglia, al lavoro, agli amici, alla spesa, allo sport, spesso l'unico sistema per isolarsi è... la pratica religiosa. In effetti ogni religione prevede uno spazio di raccoglimento e preghiera di cui, a poco a poco, si stanno scoprendo le virtù rilassanti e rivitalizzanti. Uno spazio di raccoglimento che può diventare il momento di silenzio necessario.

Da questo momento, dovrete impegnarvi a trovare un angolino tutto per voi, la vostra «cappella privata», dove andare a meditare o a lavorare in silenzio, senza dare fastidio a nessuno e senza essere infastiditi. Non è così semplice: quindi tanto vale iniziare a cercare subito. È il prezzo per la felicità.

Essere felici significa essere se stessi. Ed essere se stessi significa anzitutto essere in contatto con le proprie sensazioni.

Percepisco, *ergo sum*...

Che cos'è davvero la meditazione

Prendere coscienza di tutto ciò che si avverte con il naso, la bocca, l'epidermide, i muscoli e le articolazioni, le orecchie, gli occhi serve a ritrovare il contatto con la neocorteccia che trova il proprio ristoro nella realtà delle sensazioni dirette, fisiche.

Esistere è percepire. In modalità limbica, per esempio in una giornata un po' stressante, perdiamo il contatto con la realtà fisica, sensuale. I muscoli sono tesi e impediscono alla neocorteccia di esprimersi come vorrebbe. Nella meditazione, grazie alla distensione muscolare che ne costituisce il segreto, questo contatto viene ritrovato all'istante. A quel punto i pensieri iniziano a fluire liberamente, come l'acqua quando si apre il rubinetto. Guardatevi dall'operare censure, o dal soffermarvi su uno in particolare in maniera speculativa. A volte prendo il dittafono per «annotare» le idee più belle prima che si dileguino.

L'attività cerebrale neocorticale è come un gigantesco sistema vascolare in cui il sangue non può circolare liberamente a causa di ostacoli che si chiamano stress, condizionamenti, emergenze, evitamenti. La meditazione permette di ritrovare una circolazione fluida, rimuovendo barriere, censure, obblighi.

La meditazione è il contrario della concentrazione che, invece, presuppone tensione. La meditazione è distensione, da cui il termine, più calzante, di *centrazione*. Ci si centra sul proprio asse. Si torna nel proprio «centro», nel proprio corpo, nella propria pelle, nei propri panni, così sui due piedi, si torna in sé.

Rilassando tutte le tensioni muscolari sulle quali può intervenire lo stato conscio, a poco a poco si giunge a individuare le tensioni psichiche soggiacenti e a scoprirne i contenuti. Anziché negarle o combatterle, basta semplicemente sentirle. Accettarle, aprirsi a esse. Senza aggressività, senza senso di colpa, vincendo l'imbarazzo provocato da questa esperienza. Per un istante, dovete disfarvi delle vostre difese mentali di origine gregaria, del tutto inutili quando si è soli con se stessi.

Meditare significa non sottrarsi ad alcun pensiero, allenarsi a fidarsi di se stessi, a cui si deve poter dire tutto. E quando la confidenza è completa, quando si lascia affluire ogni pensiero, ci si trova davanti a ciò che si teme come incoerenza, caos, nulla cosmico (tutte nozioni associate alla morte, in realtà). Ma è lì che bisogna iniziare ad aver fiducia, in sé e nella divina coerenza della vita, in ciò che era prima e in ciò che sarà dopo l'esistenza (in «Dio»...).

Meditare è anche un allenamento a non giudicare e anzitutto a non giudicarsi, perché è così che si impara a non sputare sentenze sugli altri.

Meditare è un reame di tenerezza, sorriso e amore, in cui si viene a ristorarsi, a trovarsi o ritrovarsi, una bolla, un bozzolo in cui rinascere a se stessi.

È una ginnastica d'apertura a se stessi e agli altri, alla natura, alla sofferenza e al piacere, alla felicità.

Ecco un trucco a colpo sicuro, che conferisce alla pratica una formidabile potenza: far spuntare sulle labbra un sorriso, così da riversare su se stessi perdono, tenerezza e amore per poterli poi riversare sugli altri.

Scegliete la vostra strada

Le metodiche di meditazione sono numerose e varie. Alcune si reggono su una disciplina ferrea, ossia su ciò che definirei «meditazione di lotta». Che va benissimo per determinati condizionamenti (della serie: «Ti guadagnerai la felicità con il sudore della fronte»).

Altri prediligono tecniche più soft, meno intransigenti, progressive in funzione dei progressi compiuti da ognuno e sulla felicità e il piacere che ne ha ricavato. Avrete di certo capito quale raccolga la mia preferenza.

All'inizio, quando ho incominciato, mi sentivo in colpa per tutte le difficoltà che incontravo, ero frustrato per non riuscire ad andare dritto al sodo come il mio maestro. Quando facevo una seduta avevo solo voglia di una cosa: che finisse il più presto possibile, e fissavo l'orologio ogni due minuti... Insomma, non era certo una festa.

Mi sono occorsi oltre vent'anni e numerose rinunce per giungere alla mia visione attuale della meditazione, semplice e occidentale. Spero di evitarvi ogni possibile delusione legata al dogmatismo e ai classici schemi maestro-allievo o, meglio, «discepolo». Qui l'unico maestro siete voi. Datevi il tempo di sperimentare, senza forzature, e di trovare la vostra strada.

Come

Per prepararsi a meditare, è molto utile e piacevole fare prima qualche minuto di stretching, procedendo dall'alto verso il basso: nuca, spalle, braccia, polsi, anche, gambe, caviglie, piedi. Le tensioni muscolari spariscono poco a poco, la respirazione si fa più fluida. La meditazione diviene più efficace.

Quanto alla posizione, vi sono diverse possibilità: seduti nella posizione del loto, inginocchiati, accovacciati sullo sgabello da meditazione (quella che preferisco), oppure seduti su una sedia, ma anche camminando molto, molto adagio, dondolandosi lievemente, cercando di tenere gli occhi chiusi. Si può tentare di farsi un'idea della posizione ottimale variando di tanto in tanto. L'importante è non provare dolore fisico e riuscire a resistere per un po'. Trovare la posizione al tempo stesso comoda e che permetta di tenere la colonna vertebrale diritta, per scaricare le tensioni e agevolare la respirazione.

Quando

A me piace meditare la sera, prima di coricarmi. Ho così la sensazione di dare un significato alla mia giornata, di liberarmi di tutti i miei errori, di tutte le emergenze che non ho preso in considerazione, degli amici o delle persone care cui non ho dedicato abbastanza tempo. Senza che sia io a volerlo, mi tornano in mente tutti i microeventi ai quali non ho prestato attenzione consapevole, ma che in quel momento si rivelano in tutta la loro chiarezza. Nel cervello c'è una gran confusione, ma a poco a poco si instaura l'ordine, i pensieri divengono limpidi, mi sento in pace. E cerco di mettere sempre tanta tenerezza, tanto perdono in quel miscuglio denso ed eterogeneo che sono gli eventi di un'intera giornata.

Ma mi piace molto meditare anche di mattina, perché la notte attiva il sistema limbico che noi dobbiamo poi domare di nuovo alla mattina, come un cavallo imbizzarrito, prima di cominciare la giornata. Entrambe le pratiche sono utili e complementari. Non esitate a sperimentarle il più possibile.

Per quanto tempo?

Non esiste una durata ottimale. Dipende da noi, dalle nostre esigenze, dalla nostra voglia. Suggerisco una durata di dieci-quindici minuti per iniziare, poi sta a ognuno affinarla a piacere in funzione dei progressi. Sappiate che, con ogni probabilità, sarete spinti ad aumentare la «dose». Perché ci prenderete gusto!

La meditazione-lampo

Nel corso della giornata, quando ci si sente minacciati dal potere delle emozioni, è possibile ricorrere anche a una meditazione-lampo. Basta qualche secondo per ritrovare il contatto con la neocorteccia. Seduti, in piedi o sdraiati, anzitutto chiudete gli occhi. Rilassate la muscolatura, tutta, passando in rassegna un componente dopo l'altro. Prestate attenzione alla respirazione e liberatevi di tutto ciò che può intralciarla. Tentate di percepire distintamente tutte le sensazioni fisiche e psichiche senza giudicarle (odori, sapori, rumori, sensazioni di caldo o freddo, di benessere o di disagio, desideri diversi e di varia natura, ma anche le diverse emozioni che si possono provare). Immaginate che anche il cervello sia un muscolo da rilassare. Lasciate che i pensieri vadano e vengano, senza trattenerne alcuno; ed ecco, ci siamo. In pochi secondi si riesce a passare dal controllo limbico al controllo neocorticale.

È un metodo che ho applicato in tante riunioni di lavoro, abbandonando momentaneamente incontri difficili e tesi per rifugiarmi in bagno e restarci il tempo necessario. Ed è incredibile quanto le risposte ai problemi possano essere brillanti!

Tutto ciò che può ammorbidire il pensiero concorre a mantenere o a ritrovare lo stato d'attivazione dell'azione, e con esso lo sviluppo della propria felicità. Ognuno ha il suo metodo, ognuno ha la propria «arte d'arrangiarsi», basta ricordare che anche il cervello va tenuto in esercizio come tutto il resto del corpo. E la «palestra» del cervello è il silenzio.

Riepilogando

- ✓ La palestra del cervello è il silenzio. E lo stretching. La meditazione contempla questi due requisiti. Attuata due o tre volte al giorno, la pratica della meditazione servirà a proiettarvi letteralmente verso la felicità. E verso il benessere fisico!
- ✓ In conclusione: un quarto d'ora per lavorare alla propria visione della vita, alla propria *filosofia*. Un altro quarto d'ora per la meditazione. In totale, trenta minuti da dedicare alle emozioni e all'osservazione degli altri. Non è perciò questione di tempo, ma di atteggiamento, di apertura, di costanza, anche nelle situazioni più disparate: in riunione, per strada, con gli amici o in famiglia.
- ✓ A questo stadio del nostro percorso l'impegno richiesto è di mezz'ora al giorno da investire nelle due esercitazioni principali: un esercizio *cognitivo*, che mette all'opera l'intelligenza, e un esercizio *comportamentale*, il tutto equivalente a mezz'ora di «pennichella». Già perché, non ve l'avevo ancora detto, ma la meditazione è più efficace del sonno: più si medita, meno si ha bisogno di dormire. (Ovviamente solo fino a un certo punto!)

8

«Masticate» bene la vita

Di solito, atti ed eventi vengono buttati giù uno dopo l'altro, come accade quando ci si ingozza senza assaporare nulla. Di conseguenza, si ha la sensazione che la vita scivoli via troppo veloce e, soprattutto, senza che ce ne accorgiamo.

Questa «bulimia» di azioni e pensieri è in realtà la manifestazione di uno stato d'emergenza, la *fuga*, e dell'emozione a essa associata, l'*ansia*. La nostra società ha la tendenza a escludere ogni possibilità di prendersi il tempo necessario, tirando il fiato, restando in silenzio senza far nulla. Perché siamo saturi di rumori, di decisioni da prendere, di lavoro, di sport, di televisione, di pressioni. È ciò che si chiama «stress».

Perché non bisogna mangiare in fretta? Per dare ai meccanismi che regolano la sazietà e la digestione il tempo necessario a mettersi in moto correttamente. La biologia è pensata in modo perfetto, ma occorre lasciare ai suoi meccanismi il tempo di attivarsi. Per esempio, è essenziale che i recettori biologici abbiano il tempo di informare il cervello se occorre altro cibo, o magari diverso. Sono meccanismi rapidi: bastano pochi minuti o anche pochi secondi. Ma se non siamo disposti neppure ad attendere questo minimo lasso, il sistema non può funzionare adeguatamente. Si mangia troppo, e male, e non si assimila bene ciò che si ingerisce.

Ma noi possiamo instaurare altri atteggiamenti, senza per questo dover cambiare la società nella quale viviamo. È possibile lavorare meno e meglio, consumare meno e meglio, leggere meno e meglio, ascoltare meno musica ma ascoltarla meglio, avere meno rapporti umani ma più arricchenti e più sereni.

Occorre darsi il tempo di percepire le proprie emozioni e stati d'emergenza, riconoscerli e accettarli per poterli affrontare meglio.

Occorre lasciare tempo e spazio alle nostre pulsioni, sia a quelle che abbiamo la tendenza a respingere sia a quelle che accettiamo: l'attrazione per una certa persona, l'interesse suscitato da un paesaggio, il gusto di un momento trascorso con le persone care, la sofferenza di una relazione dolorosa, la ricchezza di un incontro, la fatica di un compito difficile. Insomma tutto ciò di cui è fatta la vita d'ogni giorno.

Jacques Jouanny, un amico medico in pensione, esortava i suoi pazienti a «masticare» bene la vita. Per poterne digerire tutti gli eventi, occorre darsi il tempo di viverli il più compiutamente possibile, altrimenti rischiano di restarci sullo stomaco.

Più abbiamo responsabilità, più siamo stressati, più dobbiamo dare tempo al tempo. Bisogna resistere a chi ci spinge a fare le cose troppo in fretta, a prendere decisioni improvvise. Raramente la precipitazione è segno di efficienza. Per esempio, un buon dirigente d'azienda non dovrebbe ritrovarsi sommerso di cose da fare, contrariamente al luogo comune, ma essere anzi molto disponibile, pronto a prendersi il tempo di meditare, così da recuperare tutta la propria dimensione umana, prima ancora del ruolo di dirigente; dovrebbe concedersi il tempo di ascoltare e, ancor prima, di ascoltarsi. Anche se io per primo mi rendo conto che sia più facile a dirsi!

Circondare di tempo gli eventi di ogni giorno è il miglior modo per assaporarli davvero, e quindi per «vivere» davvero.

Il metodo del «debriefing»

Nel corso della giornata, vi consiglio di praticare il *debriefing*, ossia di analizzare i vari aspetti di una data azione, o incontro, o avvenimento subito dopo che si è compiuto. Non occorre molto tempo, basta un minimo lasso, così da sentirsi pronti per il seguito. Bastano trenta secondi (sembrano pochi, ma sono già tantissimi) dopo ogni azione o evento per lasciarsi pervadere da tutta la ricchezza che racchiude, piacevole o meno, lungo o breve, professionale o privato che sia.

I medici dovrebbero applicare questo metodo: fra una visita e l'altra, fare una pausa di qualche secondo o minuto per «rimettersi in sesto», per rendersi veramente disponibili al prossimo paziente. Il mestiere del medico non è molto diverso da quello di un dirigente: occorre saper ascoltare chi si ha davanti per capire davvero la situazione, fornire una diagnosi e proporre una cura. Esattamente come per ottenere la massima cooperazione, del paziente e dell'équipe. Ma tutto ciò presuppone una genuina disponibilità. Poiché ogni contatto comporta un dispendio di energie e un'eventuale fonte di stress, è indispensabile esserne consapevoli per potersi rigenerare. Muoversi, respirare, aerare la stanza, dedicarsi a una meditazione-lampo, ognuno ha il proprio metodo per raggiungere questo obiettivo: recepire il pregresso e prepararsi a vivere serenamente il presente.

La neocorteccia opera nella calma, ed è proprio questo a permetterle di andare a fondo, mentre il sistema limbico trae forza dalla frenesia e dalla precipitazione. È per sua natura superficiale, non è fatto per le sfumature, per le analisi troppo sottili. È lui a dire: «Non stare lì a spaccare il capello in quattro», o: «Spicciati», o: «Non c'è tempo per tutto». Dunque: il sistema limbico non vuole altro tempo, mentre la neocorteccia lo brama in continuazione.

Essere disponibili verso la propria esistenza è una delle chiavi della felicità: a tale scopo occorre trovare il tempo di fare ordine fra le proprie idee.

ESERCIZIO

Siete in ritardo. Bene, invece di aumentare maggiormente la pressione e di affrettarvi per contenerlo, vi suggerisco di perdere ancora più tempo.

- Prendetevi un minuto per capire e fare proprio il perché del ritardo, *per sentire che è parte di voi*, che quel ritardo è il risultato di una lunga storia che vi appartiene totalmente, e che voi *siete* quella storia. Se lo rifiuterete sarà come rifiutare voi stessi, e quindi la neocorteccia disapproverà, ci sarà un'emozione e sarete sempre più lontani dalla felicità. Dovreste invece sforzarvi di accettare quel ritardo con il sorriso sulle labbra, e con esso anche tutte le sue conseguenze. Che sono parte della vostra vita.
- Prendetevi qualche secondo *per eliminare ogni senso di colpa*, che sarebbe completamente fuori luogo: per loro natura, le vostre ragioni sono rispettabili e vanno amate, in quanto parte di voi, che siete creature di Dio e quindi divine.
- Prendetevi qualche altro secondo per *percepire, immaginare e accettare* il peso e l'importanza del vostro ritardo sulla persona che vi aspetta: fastidio, irritazione, magari timore che vi sia accaduto qualcosa. Preparatevi a subire dei rimproveri, senza per questo profondervi in giustificazioni.

- Approfittatene per riflettere su quanto *teniate* a quel rapporto, che cosa ne ricaviate e che cosa diate in cambio, e chiedetevi se ne valga la pena (spesso un ritardo è il segno di un dissidio inconscio con l'incontro in questione. Ed è bene non ignorarlo).
- Relativizzate, sdrammatizzate, e soprattutto datevi il tempo di vivere i momenti che vi separano da quell'incontro, perché la vita è qui e ora. Non domani. Non dopo. *Perché giunga il «dopo», occorre anzitutto vivere l'immediato.*

Più lascerete spazio al tempo, dominando il vostro destino, più sarete felici. E sceglierete sempre meglio le attività e le amicizie a cui dedicarvi.

A poco a poco, inizierete ad accettare l'idea di «non fare nulla», ossia di iniziare a vivere. Quel «nulla», è solo una costruzione della nostra ansia, proprio come il «nulla cosmico». Quando si inizia a penetrarlo, ad andare incontro alle proprie paure, a guardare dritto in faccia ciò che contengono, ecco che si trova se stessi, ecco che si entra nella propria grotta del tesoro. Anzi, dei mille tesori.

Un altro amico medico, Georges Carrier, con il quale discutevo un giorno in cui mi sentivo giù di tono, mi ha detto: «Va' in vacanza, allora». Al che ho replicato: «Ho paura di annoiarmi». E la sua risposta mi è rimasta impressa a fuoco nella memoria: «Ma è la chiave della felicità!» Be', oggi credo di avere capito a fondo quel meccanismo.

Stare senza «fare nulla» è iniziare a «essere».

Riepilogando

- ✓ Basta correre dietro al tempo! Così si rischia di non vivere.
- ✓ Occorre prendere coscienza della ricchezza di ciascun momento dell'esistenza: in questo modo la vita sarà meno frenetica, ma anche molto più intensa, vissuta in maniera più efficace e, soprattutto, con maggiore felicità.
- ✓ Approfittatene per esercitarvi quando siete in ritardo, o quando temete di non riuscire a fare tutto ciò che vorreste. Bisogna fare di meno, per essere di più!

9

Attenzione al senso di colpa

Il cervello limbico ha il dono (forse) innato di tenderci una temibile trappola dalla quale dobbiamo affrancarci: *il senso di colpa*. Esso pervade quasi per intero il nostro universo relazionale, riducendo gran parte dei rapporti interpersonali a un rimpallarsi le colpe gli uni con gli altri. Da bambini, quando giocavamo a «ce l'hai», per salvarsi bisognava trasferire il marchio del perdente sul compagno più vicino. Da adulti, cerchiamo di «passare» il nostro senso di colpa al primo che ci viene a tiro.

La figlia di Anna si è presa un'infreddatura e, da qualche giorno, è a letto. Anna si sente in colpa per non essere in grado di guarirla, in base a un modello sociale che vorrebbe i genitori dotati di poteri praticamente soprannaturali. Ovviamente la sua intelligenza si ribella a una simile idea, e così la donna diviene aggressiva (ma la reazione poteva essere ugualmente depressiva, o ansiosa). Anna se la prende con la ragazzina, che ha avuto il torto di ammalarsi: «Avrebbe dovuto fare più attenzione e coprirsi meglio per andare a scuola». L'altra, sentendosi in colpa a sua volta, diviene anche lei aggressiva e «passa» a sua madre (restituzione del colpo), a suo padre, o a chiunque capiti a tiro, per esempio il fratello: «Certo che mi sono ammalata, Federico mi ha preso l'impermeabile!»

Ovviamente non finisce qui, perché bastano le prime scintille a far saltare in aria un'intera polveriera. In realtà, in fondo all'animo abbiamo tutti un senso di colpa pronto a esplodere nel sistema limbico ed è probabilmente questa la spiegazione del mito del «peccato originale». Questo senso di colpa generalizzato fa scattare, o mantiene attivo, uno stato d'emergenza che Anna e la figlia coveranno finché non riusciranno a rifilare la «patata bollente» alla prima vittima a portata di mano. Naturalmente in attesa del prossimo contagio!

Giunta in ufficio, Anna comincia a urlare contro la segretaria con il pretesto che avrebbe dovuto tirare fuori una pratica fin dal giorno prima; immediatamente, la donna le si rivolta contro (è a sua volta in stato d'emergenza perché il suo cervello limbico ha sposato la tesi di una sua presunta inadempienza, tesi che chiaramente la sua intelligenza invece non condivide). Quanto alla figlia di Anna, riceve la visita della sua migliore amica e non trova di meglio che farle una scenata con la scusa che questa non le ha telefonato per avere sue notizie. L'altra, presa alla sprovvista, si offende a morte e le risponde per le rime. E via di questo passo.

Tutta questa aggressività è scatenata dal senso di colpa.

- Un rimprovero diretto o indiretto mette in moto il programma limbico del senso di colpa: «È vero che sono in torto».
- La neocorteccia manifesta il suo dissenso da una simile assurdità.
- Il cervello rettiliano percepisce il dissidio fra gli altri due

cervelli e fa scattare l'allarme sotto forma di emozione, in questo caso la rabbia.

- Il cervello limbico cerca una spiegazione plausibile alla rabbia per giustificare il fatto che sia scattato il programma del senso di colpa: «Certo che sono arrabbiata», dice la figlia di Anna, «la mia amica non si è degnata neppure di farmi una telefonata!» Il che significa, in buona sostanza: «La mia colpa è colpa tua». Peccato che, per l'intelligenza, la nozione di *colpa* non esista proprio. Per l'intelligenza, ognuno fa quel che può con ciò che ha ricevuto alla nascita.
- A questo punto il cervello limbico dell'amica tenta di vendicarsi dell'interlocutrice, rea di avere innescato una sofferenza dovuta alla disistima, e la ripaga con la stessa moneta con una risposta tagliente: «Perché, tu a me telefoni, forse?» Non c'è bisogno che questa recriminazione sia fondata, basta che riesca a ingannare il cervello limbico consentendogli di sbarazzarsi della colpa. E già che c'è, il cervello limbico strumentalizza l'interlocutore (o l'interlocutrice) per placare la rabbia tramite la ripicca e l'isteria verbale.

Per spezzare questa catena infernale, è sufficiente rassicurare il cervello limbico del «provocatore».

Per esempio, basta che la segretaria di Anna esca dal cliché e invece di risponderle per le rime manifesti tutta la stima e l'ammirazione che prova per lei per vedere l'emergenza volatilizzarsi all'istante: questo perché il senso di colpa è sparito.

È *durante l'infanzia* che si instaura questo dispositivo generalizzato, vero e proprio collante dell'addestramento del bambino. Non ci vuole nulla a constatare che, sin dai primissimi momenti, il piccolo è considerato «buono» e «bravo» finché non piange, ossia finché non esprime disagio, neanche fosse una colpa. *Viene dunque subito colpevolizzato per errori che non ha commesso, e sarà così per tutta la vita.* Sono i genitori, in verità, a sentirsi in colpa (senza motivo) per non essere riusciti a impedire le sofferenze del piccolo, e inconsciamente la scaricano su di lui. A mano a mano che il bambino cresce, le recriminazioni parentali si fanno sempre più frequenti ed egli fisserà nella memoria programmatrice (cervello limbico) il fatto di essere cattivo e disobbediente, e soprattutto... «colpevole».

Questo sentimento di colpa non si limita a innescare stati d'emergenza gratuiti e penosi per tutti, ma costituisce uno dei principali ostacoli alla felicità!

Tanti slanci, tanti desideri profondi sono inibiti dal terrore di non piacere a famigliari, a colleghi e superiori, a Dio stesso!

Il senso di colpa è sempre fuori luogo

Ed è per questo che ingenera sempre uno stato di emergenza. Insinua il tarlo che si sarebbe potuto agire diversamente. Orbene, per definizione se si agisce in un certo modo in un dato contesto è perché tutta una serie di parametri, personali o ambientali, ci hanno spinti ad agire in quel modo. Ne siamo noi responsabili? Quando, per fare un esempio, si osservano i movimenti di una cellula ematica al microscopio, ognuno di essi è provocato dall'interagire di numerosissimi parametri interni ed esterni alla cellula. La cellula ne è responsabile? In parte sì, la sua funzione biologica è esattamente quella. Ma questa è una «colpa»? Potrebbe compiere movimenti diversi? In teoria sì, ma in pratica se ha compiuto una data serie di movimenti è matematicamente impossibile che ne possa compiere un'altra diversa.

Quando Anna agisce, o è sotto l'influenza del cervello limbico oppure è sotto l'influenza della corteccia.

- Se si trova sotto il controllo dei suoi stessi condizionamenti, innati o acquisiti, evidentemente non può essere considerata colpevole di ciò che la condiziona; il cane di Pavlov non può essere ritenuto colpevole degli automatismi che lo scienziato ha instaurato in lui, né di quelli ereditati assieme al corredo genetico.
- Se agisce al meglio della propria intelligenza, vagliando nel migliore dei modi tutti i dati in suo possesso, che cosa mai le si può rimproverare? E che cosa potrebbe rimproverarsi lei? Se dovesse ritrovarsi nella stessa situazione, con lo stesso pregresso, come potrebbe mai agire diversamente?

Normalmente, in ogni atto, confluiscono influsso limbico e influsso corticale e ciò non cambia in nulla l'analisi di cui sopra. Non essendo noi responsabili di ciò che proviene dal limbico, non ha senso sentirsene in colpa; quanto a ciò che proviene dalla neocorteccia, essendo la libera espressione di sé, è buono per definizione.

In ogni caso, non c'è nulla da rimproverarsi. Certo, si può essere biasimati dalla società, magari si è oggetto di recriminazioni, in alcuni casi si finisce davanti a un giudice. Sono esperienze da cui trarre un insegnamento, *ma non è mai il caso di rimproverarsi alcunché sul piano personale*: non era possibile far di meglio, né agire diversamente. Responsabili, sì; colpevoli agli occhi degli altri, forse; ai propri, mai e poi mai.

Non si deve credere che questo sia un eccesso di indulgenza; non sono la sensazione di felicità o di tenerezza verso se stessi a spingere al crimine, ma piuttosto *il senso di colpa, che è alla base della maggior parte degli stati di emergenza, da cui derivano a loro volta i fenomeni legati alla violenza.*

E il libero arbitrio?

Contrariamente alle apparenze, l'affermazione precedente non rimette in causa la nozione di libero arbitrio, che viene soltanto rivisitata. Noi siamo programmati per sentirci liberi di fare ciò che facciamo nel momento in cui lo facciamo. Solo che si tratta di una libertà virtuale, etica, filosofica. Di una sensazione di libertà. L'individuo ha l'impressione di poter scegliere una strada fra molte, ma la selezione sarà il portato della sua storia, dei suoi condizionamenti, della sua capacità di riflessione, del suo stato di salute, dell'ambiente, della stanchezza eccetera. Tutti parametri che riducono di fatto il campo teorico di libertà dell'individuo fino a sopprimerlo del tutto e fino a constatare che le scelte dell'individuo sono solo il risultato della sua cultura e della sua biologia. Ma la sensazione del libero arbitrio è una condizione essenziale della nostra organizzazione umana e risponde chiaramente a una spinta evolutiva.

Tutto dipende dal piano sul quale ci si pone per giudicare: a livello interiore, il libero arbitrio viene percepito come una condizione essenziale all'esistenza, tant'è vero che il suo esercizio consapevole è una delle fonti della felicità individuale. A livello di gruppo, oppure quando si tenta di giudicare i propri atti, si passa a un piano superiore: emerge in tal caso la capacità di discernere i meccanismi del sistema e i limiti delle nostre sensazioni, delle nostre percezioni. Su questo piano, noi sappiamo che il libero arbitrio è un dato del nostro programma bio-psicologico, sul quale non abbiamo il benché minimo controllo.

Da questo duplice piano analitico risulta una sensazione confusa e volatile di contraddizione: talvolta ci si sente padroni del proprio destino, talvolta ci sembra invece di essere solo marionette nelle mani di una potenza superiore, Dio. Sono entrambe fondate e vanno accettate, così come va accettata la contraddizione sinergica fra limbico e neocorteccia.

Ma attenzione, è fondamentale distinguere fra la nozione di *colpevolezza*, che è un concetto tecnico (giuridico o sociale), e il *senso di colpa*, che corrisponde a una realtà unicamente psicologica, a un condizionamento sistematicamente censurato dalla neocorteccia in quanto assolutamente non pertinente.

Respingere il senso di colpa non significa negare che vi sia stata una «negligenza». Se cado sciando, magari ho commesso un errore, e farò bene a capire quale per poterlo evitare in futuro, ma la ricerca delle cause non ha nulla a che vedere con la colpa. La ricerca è costruttiva, la colpa è (auto)distruttiva. Nella nostra tradizione sociale e religiosa, la nozione di colpa riconduce a quella di peccato, e la constatazione tecnica e obiettiva sfocia in un giudizio morale. Questa assimilazione rischia di avere pesanti conseguenze sullo sviluppo dell'identità e, pertanto, sul raggiungimento della felicità.

I soggetti ansiosi, aggressivi o tristi sono spesso persone schiacciate da un forte senso di colpa. Se riescono a liberarsi da quel macigno riescono anche a vivere una vita diversa: la loro vera vita.

Perdonatevi

Il miglior modo per liberarsi del senso di colpa è perdonare se stessi.

La colpevolizzazione presuppone due protagonisti, in questo caso il pensiero condizionato e l'intelligenza, o meglio limbico e neocorteccia. Il primo recita la parte di un giudice che condanna, mentre l'intelligenza perora la causa dell'innocenza morale perché, per definizione, l'individuo non poteva fare di meglio. Il limbico è l'espressione della cultura che lo ha programmato; la neocorteccia rappresenta l'essere profondo dell'individuo e il futuro della specie umana. Il limbico condanna, l'intelligenza capisce, ama, accetta e mette in opera i correttivi senza animosità, cioè senza emozioni, che sono al tempo stesso patologiche e patogene.

Le emozioni sono frutto di un conflitto fra i due cervelli e sono destinate ad allarmarci. Se non vengono considerate come un segnale d'allarme, ma come sensazioni *fisiologiche*, divengono fonte di pensieri e azioni che l'intelligenza biasima, e a questo punto si trasformano in patogene.

Per evitare questa trappola infernale, è bene riprogrammare il cervello limbico associando alla nozione di errore non più il concetto di colpa morale, ma quello di arricchimento, di informazione accumulata. Nei suoi seminari, Jacques Fradin racconta un episodio emblematico: un tale esita davanti a un bivio. Non sa se deve andare a destra o a sinistra. Sceglie la sinistra. Dopo una mezza giornata di cammino, si rende conto che sarebbe dovuto andare a destra. Che cosa deve dedurne? Solitamente le risposte sono di questo tenore: «Che era meglio se si portava una cartina», «Che doveva chiedere informazioni», «Che ha buttato via mezza giornata» eccetera.

Il commento di Fradin? «Ha ricavato un'informazione.»

Ogni errore è una fonte di informazione. Ovviamente ciò non toglie nulla al suo «costo», ma evita di caricarlo di sensi di colpa. Magari ci si pente, magari si scoppia di rabbia, magari viene pure un nodo in gola, magari si cerca di rimediare, ma non si è mai in colpa sul piano *morale*.

Per tentare di contenere l'influsso nefasto del senso di colpa, è possibile mettere a punto un «antivirus», come in informatica. All'occorrenza, è possibile rivoltare il limbico contro se stesso, sviluppando un atteggiamento che sia *sistematicamente* benevolo verso gli errori appena commessi, anche se gravi. Così si fa recitare al sistema limbico tutt'altra parte rispetto a quella del giudice, magari quella del padre amorevole che capisce e che rassicura. È un primo passo per allentarne la morsa e poter così riprendere a respirare. Ma molto presto si potrà fare a meno di questi giochi di ruolo, per passare a una semplice riflessione neocorticale che, a poco a poco, smantellerà tutte le trappole tese da una cultura colpevolizzante.

La famiglia e il luogo di lavoro possono costituire delle fonti di colpevolezza o possono, al contrario, rappresentare un'oasi di pace. Se noi per primi cambiamo atteggiamento, cercando di eliminare ogni comportamento colpevolizzante, a poco a poco si instaurerà una forma di reciprocità e le tensioni si allenteranno. La serenità getterà radici e la felicità avrà compiuto un passo avanti.

Le regole per ottenere questo risultato sono molto semplici.

- Prendete anzitutto coscienza del fenomeno della colpevolizzazione reciproca osservando attentamente le dinamiche dei vari gruppi umani in cui siete inseriti.
- Lavorate sul vostro stesso senso di colpa tentando di prendere le distanze da questa logica. Se non avete l'impressione di sentirvi colpevoli di alcunché, chiedetevi allora a chi non ne facciate passare una, fra chi vi sta intorno o anche nella storia dell'umanità. E abbiate la forza di perdonarlo. Pensate alla frase attribuita a Cristo in croce: «Padre, perdona loro perché non sanno ciò che fanno». Ve ne propongo un'altra versione: «Io li perdono perché non avrebbero potuto agire in altro modo, tenuto conto della loro storia personale e del loro programma limbico».

Invecchiando, mi accorgo di diventare automaticamente molto più tollerante. Da giovane padre ero nettamente autoritario. Col passare degli anni mi sono calmato. Ho constatato un'evoluzione simile anche in mio padre: in azienda lo chiamavano «tigre». Un giorno, in uno scatto d'ira, sfasciò il piano della scrivania con un pugno. Aveva un temperamento focoso. Mia sorella e io eravamo terrorizzati. Ma con il terzo figlio era già cambiato. Aveva sempre un carattere impetuoso, ma sotto sotto aveva acquisito una certa dolcezza e una maggiore tolleranza. Si tratta di un'evoluzione fisiologica, che è il portato del diluirsi dei condizionamenti. Osservando questo processo, le generazioni più giovani tendono a fraintenderlo come una forma di indebolimento. Che errore! Non è una perdita d'energia, ma un progresso sotto il profilo dell'intelligenza neocorticale... e della felicità.

Se all'interno di un gruppo umano il capo sviluppa un simile atteggiamento anticolpevolizzante, la catena si spezza, e il leader agisce da isolante, o da separatore, attenuando così in modo considerevole il senso di colpa (e con esso la tensione imperante in seno al gruppo) e trasformando a poco a poco il circolo vizioso della colpa in circolo virtuoso della felicità.

ESERCIZIO

Vi propongo inoltre di impiegare i momenti di meditazione per passare in rassegna la totalità dei vostri rapporti famigliari, professionali e di amicizia, misurando il senso di colpa che racchiudono.

Prendete coscienza dei vostri stessi commenti fuori luogo, quando giudicate il vostro operato nei rapporti con queste persone.

- Il coniuge, se non vi sentite abbastanza disponibili o pronti ad ascoltarlo («benché lo meriti davvero»).

- I figli, che non accudite a sufficienza, ai quali non dite abbastanza quanto li amiate o con i quali non siete capaci di comunicare eccetera («dato che non sono un buon padre», «in quanto non sono una brava madre»).
- I genitori, ai quali non date tutto l'affetto («che spetta loro»).
- Gli amici, che non chiamate abbastanza spesso («mentre loro si fanno in quattro per venirmi incontro...»).
- Il vostro superiore a cui non avete consegnato il rapporto entro la scadenza («perché non ho saputo organizzarmi»).
- I dipendenti ai quali non dedicate abbastanza tempo o verso i quali siete troppo indulgenti, intolleranti, assidui, distanti, interventisti, menefreghisti («perché non sono un buon capo»).

Approfittate della meditazione per imparare a sciogliere al più presto i nodi che il senso di colpa dissemina nei vostri rapporti con gli altri e quindi anche con voi stessi.

Accettate il vostro essere imperfetti come un dono del cielo e non come una tara. Scoprite che cosa nascondono queste cosiddette imperfezioni: qualità dell'animo, sofferenze vissute in silenzio, tentativi di crescita personale.

Riconoscete che la ricerca della perfezione è una pulsione limbica che l'intelligenza non potrà mai avallare. Il progresso è congenito nel genere umano, è scolpito nel nostro DNA. Voler fare di più, o di meglio, significa votarsi al fiasco e non dimenticate che il fanatismo uccide in un sol colpo sia la felicità, sia l'amore.

Non dimenticate che, se nella parabola della pagliuzza e della trave il succo è che ognuno vede la mancanza infima negli altri e non l'enormità in se stesso, in realtà capita solitamente l'esatto contrario: nel proprio occhio non vedono che travi enormi e allora, per rendere un po' meno gravoso un simile peso, si va in cerca di qualche pagliuzza in quelli di chi ci sta intorno!

Perdonare se stessi porta automaticamente a perdonare gli altri. E viceversa.

10

«Niente è grave, niente è importante»

È UNA frase cara a Jacques Fradin, che la cita di frequente nelle sue lezioni. Anche lo psicoterapeuta Maurice Clermont insegna a relativizzare allo stesso modo, ripetendo spesso nei momenti difficili: «Passerà anche questa...»

La stessa saggezza popolare ci tramanda da secoli questo insegnamento. Quello che segue è un antico racconto cinese, giunto fino a noi attraverso i secoli, che ha il pregio di farci capire che il futuro è imprevedibile e che pertanto non ha senso drammatizzare.

C'era una volta, in un villaggio, un uomo molto anziano, che possedeva un bellissimo cavallo. Talmente bello che i signorotti del castello volevano comprarlo, ma lui si era sempre rifiutato.

«Per me questo cavallo non è un animale, è un amico», rispondeva. «Come faccio a vendere un amico?»

Una mattina, non lo trovò più nella stalla.

E tutti i compaesani gli dicevano: «Ecco, vedi? Ti avevamo avvertito! Dovevi venderlo! E ora te l'hanno rubato! Che sfortuna!»

E l'anziano: «Fortuna, sfortuna, chi può dirlo…?»

Tutti lo prendevano in giro, ma un paio di settimane dopo l'esemplare ricomparve, alla testa di un intero esercito di cavalli selvatici. Era fuggito, aveva sedotto una bella giumenta e ora era tornato con tutto il branco.

«Che fortuna!» era il coro nel villaggio.

L'anziano e il figlio si misero ad addestrare i cavalli, ma una settimana dopo il giovane si ruppe una gamba.

«Che sfortuna!» dissero gli amici. «E ora come farai tu, che sei poverissimo, se tuo figlio, il tuo unico sostegno, non può più aiutarti?»

E l'anziano: «Fortuna, sfortuna, chi può dirlo...?»

Qualche tempo dopo, nel villaggio giunse l'esercito del re che arruolò a forza tutti i giovani abili. Tutti... tranne il figlio di quell'anziano, che aveva una gamba fratturata.

«Che fortuna hai avuto! Tutti i nostri figli sono andati in guerra e il tuo è l'unico rimasto a casa. Magari i nostri finiranno ammazzati...»

E l'anziano: «Fortuna, sfortuna, chi può dirlo...?»

Ciò che caratterizza il pensiero neocorticale è il lieve ottimismo incondizionato che fa leggere tutti gli accadimenti della vita come positivi, utili, fonte di opportunità, interessanti. La parte più alta dell'intelligenza umana ci cala in un universo di significato, apertura, accettazione di ciò che ci capita. Non è supina rassegnazione, ma partecipazione entusiasta e fiduciosa al proprio destino, quale esso sia. Per la neocorteccia tutto è bene, perfino la morte che è un passaggio verso l'ignoto (e ciò che è ignoto non per forza è temibile). So che è molto difficile accettare la malattia e il dolore. Ed è estremamente difficile immaginare di poter essere felici quando si è attanagliati dalla sofferenza fisica, o quando si è colpiti da un lutto. O quando si sa di non avere più molto da vivere.

Eppure...

Non dimentichiamo che la felicità favorisce il piacere, ma non ne ha nessun bisogno. Per essere felici, basta essere se stessi. Il problema è: come si fa a essere felici quando si soffre?

> Riccardo ha un condizionamento nei confronti della sofferenza fisica che gli impedisce di esprimersi compiutamente. E reagisce con aggressività, è pieno di livore, ce l'ha con il mondo intero. Prende questa sua sofferenza per un'ingiustizia, fa di tutto un dramma ma, poiché la sua intelligenza non avalla una simile tesi, ecco che il sistema di allarme si attiva, servendogli uno stato d'emergenza in piena regola.
>
> A quel punto Riccardo non riesce a essere felice perché non è più «se stesso». Non a causa della sofferenza che prova, ma del condizionamento che lo porta a drammatizzarla.

In un'azienda, come a scuola o in politica, spesso si drammatizza per rafforzare la motivazione di dipendenti, alunni o cittadini a fare determinate cose che, spontaneamente, essi non vorrebbero fare. Questa tecnica può in alcuni casi essere onesta, e indispensabile, specie con i bambini, la cui capacità di discernimento è ancora limitata (per esempio, quando si tratta di indurre in loro un riflesso condizionato come «bisogna sempre dare la mano a un adulto quando si attraversa la strada»).

Questa prassi, però, non è scevra di inconvenienti.

Da un lato, facendo precipitare le persone in uno stato d'emergenza le priva di una quota non indifferente di intelligenza neocorticale, che riesce a esprimersi liberamente proprio in assenza di emozioni. Nell'adulto, specie se si vuole portarlo a esprimere tutto il suo potenziale, questo modus operandi fa più che altro danni.

D'altro canto, esso perde ben presto la sua efficacia: a furia di gridare al lupo, se il lupo non arriva mai ecco distrutta ogni credibilità.

Tre antidoti alla drammatizzazione

Fin dai primi anni in azienda, ho capito le devastazioni causate dalla drammatizzazione: è proprio questa la fonte primaria dello stress, in associazione con la mancanza di fiducia. Sono due fattori che si rafforzano a vicenda, con un corollario di errori, svogliatezze, inefficienze e scarsa creatività. La drammatizzazione ci rende ostaggi delle paure. Sottrarsi alla morsa della drammatizzazione significa iniziare ad agire in piena libertà, scatenare un potenziale inespresso di efficienza e, per giunta, rende felici!

Ecco i tre metodi «antidrammatizzazione» che ho sempre messo in atto con grande soddisfazione:

1. Praticare l'umorismo: destabilizza chi sta cercando di manipolarvi, consapevolmente o meno. E vedrete che manderete in bestia il vostro interlocutore, smascherando la sua fragilità. Anche se il vostro obiettivo non è destabilizzarlo, ma solo evitare di cadere nella sua trappola. Basta dirgli: «Senti, ad ascoltarti casca il mondo, ma io non la penso così, anche se capisco le tue ragioni. E comunque, ti sembra il caso di piantare tutto questo casino?»
2. Nel bel mezzo della discussione, mettete in atto una brevissima pausa con una scusa qualsiasi. Giusto il tempo di lasciare decantare e l'emergenza inizia a calare, e con essa la tensione,

dandovi così la possibilità di riesaminare la situazione e le argomentazioni in causa.

3. Infine, da sola o in associazione con le altre strategie, una meditazione «flash» permette di tornare in modalità neocorticale e di usare quindi «l'arma letale»: il sorriso interiore. Il termine «arma» non è del tutto fuori luogo, perché la drammatizzazione è molto simile a un'aggressione, dalla quale è bene difendersi con i mezzi opportuni. Provate: chiudete gli occhi, rilassatevi e sorridete. Percepirete le profonde modifiche innescate dal sorriso nei pensieri e nel corpo (muscoli e tensioni si rilassano pressoché all'istante). È una pozione magica contro questo stress invasivo e contagioso che dilaga così rapidamente nella nostra società. Non un sorriso altezzoso o ironico, né amaro o scettico: sto parlando del sorriso tenero e disteso, aperto al prossimo e dunque a se stessi, pieno di indulgenza, serenità e fiducia. Un sorriso che equivale a dire: «Stai tranquillo, va tutto bene».

11

Siate artisti

Attenzione all'istinto gregario

Come sede dell'istinto gregario, il cervello limbico incita a fare gruppo anche attraverso la cancellazione delle differenze individuali, per integrarci nel resto del «clan». Per la sopravvivenza della specie, siamo spinti a inserirci nel gruppo, adottando il più possibile gli standard sociali o quelli definiti dai media.

Nell'abbigliamento, nei comportamenti alimentari, famigliari, sociali, professionali, noi siamo orientati verso ciò che è considerato appropriato dalla collettività, che ci renderà amati o ammirati dagli altri; ciò che ci farà vincere, che dovrebbe garantirci la felicità. È istruttivo osservare il grado di questi comportamenti gregari nella vita di ogni giorno.

Per una ginnastica della felicità, è altamente consigliabile determinare ogni proprio atto in funzione del proprio essere profondo, del proprio progetto di vita, di ciò che si prova al momento. Mentre in realtà, di solito, non si fa altro che subire l'influenza di convenzioni, abitudini, condizionamenti.

ESERCIZIO

Da questo momento in poi, vi propongo di rimettere sistematicamente in discussione le vostre azioni, per accertarvi che corrispondano davvero a una visione individuale, al vostro essere profondo, alle vostre esigenze profonde; perfino i piccoli gesti d'ogni giorno come mangiare, dormire, leggere, lavorare eccetera.

Viva la differenza

Perché si dice che, per i giovani, i viaggi sono esperienze formative? Perché fanno scoprire che siamo tutti diversi.

> Avevo quattordici anni e mi trovavo per la prima volta all'estero, ospite di una famiglia inglese a Croydon, vicino a Londra. Era Pasqua e faceva ancora freddo, perciò a cena fu servita la minestra. Mi sforzavo di comportarmi come si deve, portando il cucchiaio alla bocca come vuole l'etichetta, in modo perpendicolare e senza il minimo risucchio, eppure tutti mi guardavano con disapprovazione. Con mia enorme sorpresa, notai che nessuno si infilava il cucchiaio in bocca: tutti accostavano le labbra socchiuse al bordo, aspirando. E facendo, ovviamente, l'aborrito rumoraccio. Lì per lì la cosa mi sconcertò, poi capii che il mio era un condizionamento, che tutti eravamo condizionati, ma in modo diverso e che la verità degli uni non era per forza quella degli altri. Che lezione in una minestra!

E non c'è neppure bisogno di spostarsi per scoprire le differenze culturali. Basta leggere giornali diversi, parlare con persone che finora abbiamo ignorato, guardare film o dipinti che non siano sempre i soliti. In parole povere, basta uscire dalle proprie abitudini. E osservare le emozioni che queste novità inducono in noi. Non per modificare ogni nostro condizionamento, ma per prenderne coscienza: dei nostri e di quelli altrui. Ciò che noi diamo per scontato, o per vero, e che invece è il prodotto del cervello limbico. Ricordo, fra l'altro, che solo il pensiero limbico procura una sensazione di verità o di ovvietà. I pensieri neocorticali, al contrario, lasciano sempre una sensazione di complessità, di dubbio, di flessibilità.

Esprimete il vostro talento artistico

La pratica dell'arte è un modo eccellente per allenarsi a spezzare i condizionamenti, a rimettere in discussione le proprie abitudini, a sviluppare una certa capacità di vigilare per evitarne il riformarsi.

Non dimenticate che *l'intelligenza non è tutta razionale*; la razionalità è soltanto una delle sue tante manifestazioni, una delle modalità di accesso alla conoscenza. La creatività artistica, la poesia, la fantasia fanno ugualmente parte dell'intelligenza e concorrono in questo modo al progredire dell'individuo e della specie. Sono ancora più specificamente individuali di quanto non lo sia la razionalità. Per raggiungere la felicità è quindi necessario esprimere questo grande potenziale.

Ma attenzione, c'è arte e arte. Con questo stesso termine si designano cose molto diverse e addirittura in contraddizione. Al riguardo, consiglio di guardare o di leggere l'eccellente pièce teatrale di Yasmina Réza dal titolo *Art*,* in cui l'autrice mostra come l'amicizia profonda che lega tre amici possa andare a pezzi semplicemente mettendo a confronto le loro diverse visioni in materia.

Per chiarire questa dibattuta questione, propongo di distinguere diverse forme di arte in funzione dei diversi cervel-

* Yasmina Réza, *Arte*, Einaudi, Torino 2006.

li, tenendo presente che talvolta esse possono confondersi in un'unica opera.

A ogni cervello la sua arte

- ✓ L'«arte rettiliana» esprime una percezione dei sensi, colorata e sensuale. Il suo motto è: *Esprimo ciò che sento.*
- ✓ L'«arte limbica» tenta di assomigliare a qualcosa: è imitazione di un precedente, imitazione della natura, persegue l'obiettivo attraverso la definizione di norme, di canoni di bellezza. Il cervello limbico organizza una gerarchia in campo estetico, elabora una scienza del bello, una forma di accademizzazione alla quale tutti devono sottostare: artisti, studenti, fruitori. Il suo motto è: *Esprimo ciò che credo di dover esprimere.*
- ✓ Infine, l'«arte neocorticale» corrisponde all'espressione creativa e autentica di un'idea. Non cerca di produrre né del «bello», né del «buono». Il suo motto è: *Esprimo ciò che ho voglia di esprimere o che sento come «vero», come «giusto».*

L'arte neocorticale è l'ambito privilegiato della provocazione. Può urtare la sensibilità per il suo mettere a nudo le rigidezze, le imposture, le ipocrisie, le contraddizioni della nostra società. Per esempio, a Lione, Thierry Ehrmann, artista e dirigente d'azienda, ha destato lo sconcerto generale con la sua «dimora del caos», trasformando un appartamento borghese in un'esibizione a dir poco scioccante, una visione apocalittica con sangue ovunque, frammenti di bombe, iscrizioni inquietanti. Tutto spinge a fuggire da quella fonte di stress e di oppressione, o a eliminarla (ovviamente quell'opera di decostruzione viene attaccata dai residenti del quartiere, che si sentono aggrediti da tale «mostruosità»).

Urtare i condizionamenti è oggi una delle funzioni riconosciute all'arte. In campo estetico, religioso o in qualunque altro ambito dell'esistenza, penso alle fotografie di Bettina Rheims o di Oliviero Toscani, che spesso hanno dato voce, in forma artistica o poetica, a idee o concezioni che violano alcuni tabù sociali o religiosi.

Il confronto con le opere che disturbano ci consente di smascherare ciò che ci blocca, i nostri «ipo» (*vedi* nel capitolo 4 il paragrafo «I tabù della felicità»). In questo modo possiamo permetterci nuove libertà comportamentali che ci aiuteranno a esprimere il nostro essere profondo e, pertanto, ad accedere alla felicità.

Ma attenzione, contemplare le opere altrui non basta: soltanto la pratica personale delle arti consente di scoprire davvero ciò che si ha dentro. Per questo, occorre allenarsi a distinguere attentamente fra espressione neocorticale ed espressione limbica, fra ciò che emana dal nostro essere profondo e ciò che è invece il riflesso dei condizionamenti.

Se riproduciamo con impegno un'immagine preesistente (arte limbica), proveremo la sensazione di un lavoro ben fatto, un'impressione di sicurezza, dolcezza, appagamento. Un esempio classico sono gli album da colorare che vengono proposti ai bambini più piccoli.

Se creiamo un'immagine a partire dal nostro essere profondo, la sensazione sarà invece del tutto diversa. Vi è anzitutto una sofferenza legata al «parto»; sofferenza più o meno grande a seconda delle resistenze da vincere. Ma poi, subito dopo, subentra una vera gioia, una sensazione di libertà, di forza, un piacere intenso che può persistere a lungo grazie alla pura e semplice contemplazione della «creatura». Ci si sorprende di avere dato vita a una simile opera e quasi non si crede che possa essere scaturita proprio da noi.

Eppure la creazione artistica è un processo naturale, che in teoria non presuppone il minimo sforzo. Basta «soltanto» superare i blocchi che frenano questo processo, o che lo impediscono del tutto. Questione di allenamento. Mettetevi davanti a una tela bianca, muniti di pennelli oppure a una pagina bianca muniti di penna, e scoprite le sensazioni, le emozioni che scaturiscono da questa situazione.

ESERCIZIO

Ecco ora un nuovo esercizio quotidiano che voglio proporvi: ogni giorno, per un quarto d'ora, dedicatevi a un'attività artistica, o ritenuta tale, ma in modalità *intelligente*, non limbica: se suonate il piano, a qualunque livello (elementare, avanzato), lanciatevi nell'improvvisazione più totale. Se preferite dipingere o disegnare, non cercate di adeguarvi: create. Lo stesso principio vale per qualsiasi forma d'espressione artistica abbiate scelto: scrittura, musica, scultura o altro ancora.

E preparatevi, ancora una volta, ad affrontare i demoni del sistema limbico, che vi bombarderanno di commenti velenosi.

CERVELLO LIMBICO: *Sono un incapace. Non ho imparato niente. Sono un incompetente.*

NEOCORTECCIA: *L'arte neocorticale non richiede né competenze, né tecnica, ma è l'espressione autentica dell'essere profondo; con il tempo e con l'esperienza ci si abitua a mettere l'anima a nudo. Non c'è bisogno di «saper suonare il piano», devo solo avere voglia di utilizzare questo strumento per esprimere la sensibilità musicale, a modo mio. Non occorre «saper dipingere» per esercitare la pittura, né «saper comporre» per fare poesia.* La competenza tecnica porta al piacere, l'espressione di sé porta alla felicità. *Il piacere di sapere, di conoscere o di riprodurre è molto inferiore a quello di creare personalmente. L'arte è una scoperta, una guida, un maestro, un amico.*

CERVELLO LIMBICO: *Mi sta venendo una schifezza. Come posso misurare il valore di quello che faccio?*

NEOCORTECCIA: *L'arte neocorticale non ammette riferimenti, classificazioni, gerarchie o giudizi; per essere se stesso, l'artista deve disfarsi completamente di questi comportamenti gregari. Il solo parametro da considerare è la coerenza dell'opera con l'autore, la risonanza armonica di entrambi al momento dell'atto creativo. L'artefice deve puntare a essere in sintonia con se stesso.*

CERVELLO LIMBICO: *Mi manca il tempo per fare qualcosa di coerente. Lo sto solo buttando via.*

NEOCORTECCIA: *L'arte non ha nulla a che vedere con il tempo, ma con la voglia di esprimere qualcosa. Basta provare questa voglia, questa spinta, come una pulsione profonda e farne un esercizio di ginnastica della felicità. Come per la meditazione, come per un incontro, il tempo non è un parametro essenziale.*

La pratica di un'arte, come vedremo in seguito, può insegnare a esprimere il proprio essere profondo in tutte le circostanze dell'esistenza, in ogni attività professionale o privata, affettiva o ludica o scientifica. Anzi, qualsiasi attività umana racchiude in sé una dimensione artistica che corrisponde all'espressione specifica dell'individuo, al suo «tocco personale» nel contesto sociale.

Vivere la propria vita è un'arte, è ergersi a creatore e attore del proprio personale destino.

12

Riscoprite l'istinto alimentare!

Ho sempre creduto che l'alimentazione avesse una grande importanza per la salute, ma non immaginavo fino a che punto potesse influire sulla felicità. Oggi, con il distacco reso possibile dall'esperienza, sono convinto che, al di fuori di una certa igiene alimentare, la felicità non sia possibile.

Considero l'istinto, in particolare quello legato alle necessità fisiologiche, come un'importante fonte di informazioni sui nostri bisogni in generale. È un vero peccato che la nostra società rifiuti un potenziale tanto considerevole sotto il pretesto, peraltro insostenibile, che tutto ciò che lo riguarda è «roba da animali» (tanto che si parla di «bassi istinti») e quindi indegno dell'essere umano evoluto.

Gli istinti sono essenziali per l'uomo tanto quanto lo sono per gli animali. Troppo spesso pensiamo che, avendo conquistato nuove capacità intellettuali rispetto a questi ultimi, non ne abbiamo più alcun bisogno. Ma è un errore. L'uomo è un animale come gli altri, anche se in più è dotato di un cervello intelligente, la neocorteccia.

Va riconosciuto che, se da un lato abbiamo sviluppato la capacità di creare, costruire, capire, è anche vero che altre funzioni sono purtroppo regredite con il progredire della civiltà. E sono nate nuove malattie dovute alla sedentarietà, allo stress, all'alcol, ai cibi raffinati, all'eccesso di carne e all'abuso di farmaci.

In particolare, abbiamo praticamente perso l'istinto alimentare, così essenziale alla sopravvivenza. Quanti, fra gli animali, sono obesi? Quanti hanno il cancro? A quanti è venuto l'infarto? Soltanto a quelli domestici o da compagnia, che noi nutriamo in modo artificiale come facciamo con noi stessi, contagiandoli con le nostre stesse patologie!

Ecco perché, già venticinque anni fa, è nato in me un grande interesse per il nuovo metodo alimentare proposto da Claude Burger, «l'istintoterapia».* Questo metodo potenzia l'istinto alimentare nell'uomo tramite una serie di norme semplici e logiche.

L'istintoterapia propugna l'abbandono di gran parte degli alimenti classici a favore di cibi naturali e crudi. È auspicabile che durante l'esercizio di questa pratica non ci sia al tempo stesso aroma di patatine alla salvia, o il profumo di una bistecca che cuoce sulla griglia, altrimenti l'istinto alimentare è fuorviato da questi stimoli e tutta l'utilità dell'istintoterapia va a farsi... friggere. Nei rapporti sociali l'alimentazione ha un ruolo strutturante, sul piano sia personale, sia professionale, ed è molto difficile non adeguarsi al gruppo (sia esso la famiglia, gli amici, i colleghi) anche sotto l'aspetto alimentare.

* Guy-Claude Burger è uno scienziato e musicista di origini svizzere. Ha purtroppo avuto noie con la giustizia per avere dato vita a un sistema settario e per essersi espresso in termini violentemente critici verso la società in generale e la medicina in particolare. Fu accusato (e condannato) dapprima di esercizio abusivo della professione medica e truffa, poi di pedofilia, per la quale gli furono inflitti quindici anni di carcere. Ovviamente non voglio entrare nel merito del dibattito da un punto di vista giuridico o morale, ma neppure sminuire l'apporto di Burger alle scienze, che reputo molto solido. Non è escluso che i guai con la giustizia fossero dovuti ai suoi attacchi alla nostra società.

Ecco perché in passato non ho seguito questo metodo per più di otto giorni di fila, ed esclusivamente in privato.

Di recente, però, per dimagrire, mi sono messo in cerca di un sistema intelligente che mi guidasse. Non volevo la solita dieta, tanto si sa che le diete non funzionano. Ebbene, durante una sosta in autostrada, mi è cascato l'occhio su un tascabile dal titolo *È facile controllare il peso se sai come farlo*,* dell'inglese Allen Carr, purtroppo mancato di recente.

Ciò che vi ho trovato era esattamente quello che avevo bisogno di sentirmi dire: basta, piantiamola di voler perdere chili, il fine non deve essere quello; pensiamo piuttosto a fidarci dell'istinto alimentare, e smettiamola di ingerire roba tossica come carne, latticini, zuccheri. Il libro di Carr, di una semplicità geniale, è un concentrato di decondizionamenti, un insieme di buonsenso e argomentazioni forti. Noi siamo fatti per mangiare sostanzialmente frutta e verdura, sostiene, mentre ci ostiniamo a deprimere il nostro istinto alimentare con schifezze abominevoli che sono peggio di droghe. L'autore si era già conquistato notorietà mondiale con il suo *È facile smettere di fumare se sai come farlo*,** un libro grazie al quale in numerosi Paesi sono sorti centri «Allen Carr». Quest'uomo è innegabilmente un benefattore dell'umanità. Il suo libro sull'alimentazione mi ha fatto tornare in mente Guy-Claude Burger, ed è stato così che mi sono rituffato con immenso piacere nella lettura del suo libro *La guerre du cru*,*** purtroppo esaurito fino a quando un editore coraggioso non lo pubblicherà di nuovo, anche se non so se consigliarglielo!

Nei loro libri, Carr e Burger mostrano chiaramente il mecca-

* Allen Carr, *È facile controllare il peso se sai come farlo*, EWI, Milano 2008.
** Allen Carr, *È facile smettere di fumare se sai come farlo*, EWI, Milano 2004.
*** Guy-Claude Burger, *La guerre du cru* [La guerra del crudo], Faloci, Parigi 1985.

nismo dei condizionamenti, e ci ricordano quanto sia importante prendere un minimo di distanza dalle convinzioni sociali, che non sono mai del tutto innocenti.

Ecco cosa asserisce Allen Carr.

In generale, perché in natura non vi sono animali obesi? Siano essi grandi o piccoli, hanno tutti le stesse proporzioni. Perché? E perché, in tutto il pianeta, le sole specie ad avere problemi di sovrappeso sono proprio la più intelligente e le bestie di cui questa specie controlla l'alimentazione? Non è paradossale? La nostra superiore intelligenza parrebbe aver creato un problema, anziché risolverlo...

L'uomo non si è creato da sé. Da dove vengono le istruzioni su ciò che dobbiamo mangiare, e quando? Immaginiamo che il Creatore ci abbia messo in mano una nota proprio con queste istruzioni. Ve ne rendete conto? Non avremmo nessun bisogno di passare al vaglio la montagna di informazioni contraddittorie rifilateci dagli specialisti! Sarebbe meraviglioso, no? Ebbene, ho una buona notizia: è esattamente ciò che Lui ha fatto.

È fondamentale che vi svegliate e che capiate una buona volta perché le diete non funzionano. Eppure la cosa è di un'ovvietà incredibile. Pensate alla pubblicità di tutte quelle diete così diverse e così varie: se soltanto una di esse funzionasse davvero, il problema sarebbe risolto. E uso il termine, in senso restrittivo, di regime alimentare. Il limite delle diete è proprio questo: sono restrittive. Non si è più liberi di mangiare né ciò che si vuole, né nel quantitativo che si vuole.

È impossibile che una dieta funzioni, quindi bisogna cambiare le proprie abitudini alimentari.

Il libro di Allen Carr è ricco di esempi che mostrano l'incredibile capacità dell'istinto di guidarci nell'alimentazione, mentre noi facciamo di tutto per ignorarlo e per spingere i nostri figli a contrastarlo. La maggior parte degli alimenti che consumiamo sono come droghe, nell'accezione tossica del termine ma anche nel senso che, malgrado il disgusto che ci provocano, finiamo per trovarli gradevoli, per bramarli proprio come accade con le sigarette, gli alcolici e, ovviamente, gli stupefacenti! Del resto, ogni modifica nell'alimentazione ricorda proprio una terapia disintossicante. Occorre quindi procedere in modo progressivo e attendersi delle reazioni dell'organismo un po' fastidiose.

Non la pensa diversamente Guy-Claude Burger.

> Si tende a pensare che nell'uomo ogni istinto sia scomparso e che soltanto l'intelligenza gli permetta di sopravvivere. Non è così: l'istinto è pronto a entrare in azione, anche quello alimentare. Basta mettere l'organismo nelle condizioni che, alle origini, gli hanno consentito di instaurarsi. Come diremmo oggi, di «programmarsi geneticamente. L'istinto alimentare si esprime con i cambiamenti di odore, gusto, sapore e perfino consistenza degli alimenti... Si crede che sia scomparso per sempre, e in effetti noi lo eludiamo a furia di stratagemmi culinari. Le ricette della gastronomia mirano a camuffare gli alimenti in modo da ingannare i nostri meccanismi gustativi...»
>
> Tutti gli animali mangiano cibi crudi. Perché l'uomo deve cucinare ciò che mangia? Come possiamo essere certi che questo non sia un errore, e fonte di mille disturbi, o come possiamo essere certi che questo comportamento sia invece parte integrante della condizione umana?
>
> Le sostanze derivate dalla cottura non sono presenti in alcun alimento naturale e non sono mai state presenti neppure nell'alimentazione umana, fino all'avvento dell'era

culinaria... con la semplice cottura di una patata, sono già noti 450 derivati di ogni genere. Si è dato loro perfino un bel nomignolo: «nuove specie chimiche». Per ora ne sono state studiate una buona cinquantina, e si sono rivelate o pro-ossidanti, o antiossidanti, o tossiche, o addirittura mutagene.

Come se ciò non bastasse, non credo che, oggi come oggi, tanti specialisti si stiano occupando seriamente della questione. È un problema di fondi e nessuno ha interesse a finanziare studi del genere, né l'industria alimentare, né l'industria chimica, e forse neppure la medicina.

Se tratto queste problematiche alimentari non è solo per fornire qualche esempio di condizionamenti fortemente radicati nella nostra società, ma soprattutto perché di recente mi sono reso conto che un'alimentazione alleggerita, *ipotossica* come direbbe Jacques Fradin,* agevola enormemente l'espressione neocorticale, e con essa la felicità. Avevo già sentito dire che esisteva un nesso fra mente e alimentazione, ma non avrei mai immaginato che fosse così diretto.

A tal punto che oggi sarei propenso a ritenere che non si possa essere felici davvero senza un'alimentazione di un certo tipo, ossia in prevalenza cruda e basata soprattutto sulla frutta. Per il momento è solo un'ipotesi di lavoro, e come Burger mi auguro anch'io che vi sia un fiorire di ricerche al riguardo, per poterne capire meglio limiti e potenzialità, ma vi esorto vigorosamente a rimettere in discussione sin d'ora le vostre abitudini alimentari, e a tentare di riscoprire l'istinto. Sarà per voi un eccellente

* Da oltre vent'anni, il dottor Jacques Fradin dedica una parte del suo tempo e di quello della sua équipe a un lavoro sulle basi stesse dell'istintoterapia dal quale è scaturita una visione meno assoluta rispetto a quella di Guy-Claude Burger. Fradin la chiama «dieta ipotossica». Le sue ricerche sono disponibili presso l'Institut de Médecine Environnement (IME), a Parigi, 7° arrondissement, rue de Grenelle 157.

esercizio e, al tempo stesso, fonte di innumerevoli scoperte, sul piano sia fisico, sia psichico e sociale, sia famigliare.

Concludo con la testimonianza spontanea di Jean-Christophe, un amico sportivo, che illustra chiaramente il discorso che stiamo facendo.

> Da ormai tre anni faccio un digiuno all'inizio di ogni anno secondo le raccomandazioni di Yannick Noah (tre giorni ad acqua, quattro giorni a minestra e succhi di frutta, una settimana a frutta e verdura).
>
> È incredibile come questo cambi il rapporto con il cibo!
>
> Dopo tre giorni ad acqua, il primo piatto di minestra è meglio del caviale! Ogni sapore, ogni aroma viene riscoperto, e il sale dà fastidio alle papille gustative. E la prima mela sotto i denti... il dessert perfetto! Molto presto la sensazione di fame sparisce e l'energia spesa a digerire diviene disponibile per la creatività e per l'azione, e ci si sente un fiore!
>
> Il rapporto fra l'alimentazione e la mente è evidente, ma solo per chi ha provato questo tipo di esperienza. Gli altri ci guardano come se fossimo matti (come ho reagito anch'io quando un amico mi ha parlato per la prima volta di digiuno). Ed è questa la riprova che, per farsi davvero un'opinione valida, occorre sperimentare in prima persona.

La ginnastica della felicità

In sintesi

La felicità presuppone un vero allenamento, con esercizi piuttosto semplici, ma da eseguire con regolarità.

- ✓ In primissimo luogo, occorre lasciare al pensiero profondo la possibilità di esprimersi. Scrivere ogni giorno il proprio personale «libro di filosofia».
- ✓ Osservando gli altri, è possibile scoprire il funzionamento delle emozioni che ci impediscono di essere noi stessi.
- ✓ Prendere un minimo di distacco dalla vita sociale ricorrendo a quindici minuti di meditazione due volte al giorno.
- ✓ Prendersi del tempo e prendere coscienza di ogni istante vissuto. «Masticare» la vita.
- ✓ Eliminare ogni senso di colpa che è indiscutibilmente il peggior nemico della felicità.
- ✓ Abituarsi a sorridere anziché a drammatizzare.
- ✓ Nell'esistenza, ogni azione è un'opera da creare. La vita va concepita come una grandiosa opera d'arte.
- ✓ La ricerca della felicità è un'ascesi che implica anche una dieta adeguata. Coltivare l'istinto alimentare.

PARTE TERZA

Nuove prospettive

E ora, cambiamo la società

La concezione della felicità che ho illustrato nei capitoli precedenti è insieme il presupposto e la conseguenza di una nuova visione della vita in ogni suo aspetto: pratico ma anche metafisico, sentimentale, sociale, economico o politico.

Se tutti noi ripensassimo la nostra esistenza secondo le dinamiche della felicità spiegate in questo libro (ciascuno seguendo le proprie esigenze individuali, naturalmente), potremmo addirittura dare nuove basi collettive alla nostra società.

Vi propongo perciò di ripercorrere insieme i grandi ambiti dell'esistenza, esaminando in che cosa si potrebbe, e si dovrebbe, assumere un punto di vista diverso.

13

Rimettiamo il mistero della morte al centro della vita

La prodigiosa avventura della morte

Questa definizione è ispirata al titolo di un libro di Pierre Lance, *La prodigieuse aventure de la mort*:* una fonte d'energia e di ottimismo che espone un'ipotesi affascinante sul senso del trapasso. Per l'autore, la morte segna semplicemente la fine di una missione.

Noi non ne sappiamo nulla, se non che conclude ciò che chiamiamo vita. Non abbiamo la certezza che in seguito ci sarà dell'altro, che ciò che troveremo oltre quella soglia sarà piacevole... ma non siamo neppure sicuri del contrario. Il decesso rappresenta forse la fine del piacere, o della felicità, così come li conosciamo, ma chi ci dice che *dopo* l'esistenza terrena non sarà ancora meglio? O anche *prima*, se è per quello. Non dimentichiamo infatti che lo stesso mistero avvolge non solo la morte, ma anche la nascita. Di fatto, *prima* e *dopo* hanno un significato solo durante l'esistenza, perché la nozione di tempo è intrinseca a essa, e totalmente soggettiva.** La morte è dunque una porta verso il *non tempo*, realtà enormemente difficile da immaginare.

* Pierre Lance, *La prodigieuse aventure de la mort*, L'Ère nouvelle, 1989.

** Il numero di elettroni presenti nell'universo (nel *nostro* universo) è rimasto invariato dalla sua creazione. L'elettrone è il materiale di base per quel gioco di

La fine presuppone l'inizio (la porta deve aprirsi nei due sensi), e il tema della morte dovrebbe evocare in noi le stesse idee ridenti che ci ispira la nascita.

La visione negativa della morte deriva, fra l'altro, da un eccesso di focalizzazione sull'individuo. Relativamente al singolo organismo, la cessazione dell'esistenza è innegabilmente la fine: è il destino del seme, dell'ovulo, dello spermatozoo. Ma come la loro vita ha un senso, ne ha anche la loro morte. Le due cose sono indissociabili. Potremmo fare un paragone con la fine di un pasto, o di una missione: entrambi sono orientati al conseguimento di un obiettivo, e non appena questo è raggiunto, devono concludersi. Se il pasto o la missione proseguissero indefinitamente, non avrebbero alcun senso. Si noti inoltre che la parola *fine* ha un duplice significato: cessazione e scopo. La fine della vita conferisce a essa un fine.

Potremmo dire che è la fine di una forma, la fine della *coscienza* di una forma. Lo spermatozoo e l'ovulo che si fondono nello zigote, da cui nasce il feto, ci fanno pena quando cessano di esistere come tali? No, perché per noi è chiaro che la loro morte concorre a un processo di trasformazione permanente ed essi, con ogni probabilità, non ne hanno coscienza.

Così come noi, esseri umani, non siamo sempre consapevoli del fatto che la fine della nostra vita è parte di un meccanismo più grande di noi, e che ha una sua logica.

La morte dell'essere umano è una tappa, un punto di contatto

costruzione che è la vita, la biologia: è a partire da esso che si costituiscono le forme via via più sofisticate, più «intelligenti». Si noti che questo elemento, però, è dotato di un sistema tempo diverso da quello umano, ciclico e non lineare; potrebbe dunque essere una forma intermedia fra tempo e non tempo, fra vita e non vita. Gli elettroni, infatti, non muoiono, a meno di non frantumarli all'interno di colossali apparecchiature, gli acceleratori di particelle.

fra due forme, come forse quello fra spermatozoo e zigote, fra zigote e feto, fra crisalide e farfalla, fra seme e pianta.

A ogni modo, è probabile che il decesso non sia quel «nulla» che tanto ci angoscia, e il fatto che ci dia tanta pena è il segno che la nostra intelligenza disapprova.

Il cammino verso la felicità	
INFANZIA	✓ Piaceri rettiliani *Bere* *Mangiare* *Dormire* *Essere accarezzati* ✓ Piaceri limbici *Essere apprezzati* *Essere considerati* *Essere protetti* *Giocare* *Vincere* *Sedurre*
ADOLESCENZA	✓ La neocorteccia rivendica il suo spazio accanto al cervello limbico, che rimane saldamente arroccato. ✓ La personalità innata cerca di imporsi su quella acquisita. ✓ I conflitti interiori uniti alla crescita ormonale scatenano le tempeste emotive.

segue

ETÀ ADULTA	✓ Le tempeste emotive si placano. ✓ Fanno la loro comparsa i piaceri neocorticali, anticipazione di ciò che, a poco a poco, diventerà la felicità: *Essere se stessi* *Fare progetti* *Fiducia nelle proprie forze* ✓ I condizionamenti bloccanti, a seconda delle vicissitudini, vengono progressivamente distrutti. ✓ L'identità si consolida. ✓ Gli stati d'urgenza diminuiscono in frequenza e intensità. ✓ La felicità piena si afferma.

Partire sereni

Sono affascinato da uno straordinario personaggio della medicina: Elisabeth Kübler-Ross (1926-2004).

Questa donna fuori del comune ha portato la medicina (che fino agli anni Settanta del ventesimo secolo non si occupava dei malati incurabili e dei moribondi) a farsi carico anche delle persone nella fase terminale della vita. A partire da allora, grazie anche al suo operato, sono stati fatti passi da gigante per quanto riguarda le cure mediche e farmacologiche prestate ai morenti e il relativo sostegno psicologico.

Ai nostri giorni è proprio l'ospedale il luogo in cui meglio viene gestito quel passaggio così difficile della vita che è l'agonia, sia per il paziente, sia per chi gli è accanto. Dottori e infermieri sono oggi, nella maggioranza dei casi, di una competenza eccezionale. Certo, questa forma di accudimento è ancora gravata da una carenza di risorse finanziarie e soprattutto umane. Ma segna pur sempre un progresso immenso rispetto ai tempi in cui la dottoressa Kübler-Ross incominciò la sua rivoluzione.

Parliamo della morte

Familiarizzare con la morte non rende tristi, tutt'altro. Coloro che lavorano con persone arrivate alla fine di solito mostrano un atteggiamento estremamente affettuoso e gioviale, tipico di chi si è sbarazzato della paura dell'ignoto e, di conseguenza, ha imparato a gustarsi la vita con amore e umorismo. Non si comportano come se ogni momento fosse l'ultimo, no: semplicemente sono sereni, liberi da angosce, poiché agitazione e timore in genere scaturiscono dal rifiuto della morte, della malattia, della sofferenza; atteggiamenti che rischiano di eclissare tutte le cose positive dell'esistenza.

Evitando di affrontare la paura della morte, essa diviene una fobia;* l'angoscia si fa ogni giorno più intensa e la potenza dell'evitamento cresce. Per ridurre un problema che rischia di rivelarsi penoso e invalidante, occorre praticare una ginnastica adeguata, che consiste nell'accostarsi quotidianamente alla causa, in questo caso il pensiero della morte e tutto ciò che concerne:

* Meccanismo in base al quale la paura per qualcosa diviene talmente insopportabile da innescare una «paura della paura», che rende a sua volta inaccessibile l'oggetto: il 30% dei passeggeri di un aereo ha paura di volare, ma non ha paura dell'emozione in sé. Il fobico invece non riesce più a salire su un velivolo senza l'aiuto di una psicoterapia comportamentale e cognitiva (che peraltro funziona piuttosto bene).

il dolore e le persone che soffrono, la malattia e i malati, l'handicap e i disabili.

Parliamone a scuola

Oltre alla storia, alla geografia e all'ortografia, sui banchi di scuola occorrerebbe dunque imparare ad affrontare, a scoprire, ad approfondire questa componente essenziale della vita. Bisogna apprendere come incassare il colpo della separazione; come entrare in contatto con la sofferenza biologica che ne scaturisce; come capire che la scomparsa di una persona cara è un po' anche la nostra, e superarne la paura che ne deriva; come riflettere sull'esistenza, gustare il piacere del presente, sentire la forza incontenibile che è in noi. E i professori di tale materia?! Esistono, eccome: sono coloro, sempre più numerosi, che sanno formare chi assiste i morenti. E allora, riflettiamo insieme su un possibile programma scolastico che comprenda anche questo insegnamento. Potrebbe essere un argomento di una certa importanza per i nostri politici, non trovate? Sono persuaso che si possa parlare di morte in modo semplice e sereno. Qualunque cosa si decida di fare, sarà pur sempre meglio dello spaventoso silenzio (che, paradossalmente, stimola ancora di più l'ansia) in cui la nostra società occulta un evento così fondamentale.

Parliamone nei congressi

Si potrebbe perfino organizzare un Congresso internazionale sulla morte, sotto ogni profilo: scientifico, medico-farmaceutico, filosofico, psicologico, sociale, economico, religioso, artistico eccetera.

Ciò allo scopo di affrontare collettivamente questa nostra

paura e gettare una nuova luce sul tabù; di immaginarne nuove rappresentazioni, escogitare altri temi di ricerca, individuare ulteriori risorse per rendere meno dolorosa l'agonia e garantire un sostegno psicologico al morente e a chi gli sta accanto. Ma anche allo scopo di analizzare e, se possibile, di armonizzare i punti di vista delle diverse religioni e della filosofia in materia.

Se siete interessati a un simile progetto, non esitate a farmelo sapere!

Questi potrebbero essere gli argomenti da trattare:

Sotto il profilo scientifico

- Definizione scientifica della morte (per un essere umano, per una pianta, per un seme, un elettrone, una cellula).
- Orologio biologico e programmazione della morte.
- Quantificazione della speranza di vita «normale» per l'uomo. (Cento anni? Centoventi? Centoquaranta? Oltre?)
- L'immortalità come obiettivo scientifico ragionevole.
- Possibilità dell'ibernazione.
- Estinzione dell'umanità. (Quando? Come?)
- Fine del pianeta Terra.
- La vita oltre la vita (NDE, ovvero le esperienze premorte).

Sotto il profilo medico-farmaceutico

- Progressi terapeutici.
- La chimica per ringiovanire.
- Influenza dell'alimentazione.
- Ruolo del medico nella fase finale della vita.

Sotto il profilo filosofico

- La morte come la luce della vita. (Vi sarebbe una vita, se non vi fosse la morte? Il genere umano è programmato per

superare la morte, oppure essa è la chiave di volta della sua ragione d'esistere?)
- La morte come complemento della vita. (Si può scindere la morte dalla nascita?)

Sotto il profilo etico
- L'eutanasia.

Sotto il profilo psicologico
- Ruolo della paura della morte nell'insieme delle nostre angosce.
- Il confronto con questa paura: come gestirlo al meglio.
- Soppressione di questa paura. (È possibile e auspicabile?)
- Come spiegare la morte (ai bambini, agli educatori, ai medici, al personale sanitario...).
- L'apprendimento della morte come pedagogia per chi ricopre il ruolo di animatore.
- Affrontare la paura della morte come rito di passaggio all'età adulta.
- Imparare a morire serenamente.

Sotto il profilo sociale
- Il luogo deputato alla morte (ospedale, hospice, in casa propria…).
- Gestione dei cadaveri (sepoltura, cremazione, problematiche ecologiche...).

Sotto il profilo economico
- I costi del morire, le assicurazioni eccetera.

Sotto il profilo religioso
- I diversi approcci delle varie religioni alla morte e al suo

significato; incidenza del credo sui comportamenti delle popolazioni.
- Una possibile visione ecumenica della morte.

Sotto il profilo artistico
- Le diverse rappresentazioni della morte attraverso pittura, scultura, letteratura, poesia, teatro, musica; l'architettura della morte nei cimiteri e nei mausolei.

E, per concludere, la *fantascienza*. Immaginiamo un mondo senza morte: quali sarebbero le conseguenze per quanto riguarda il mondo del lavoro, la previdenza sociale, la famiglia, gli alloggi? In che ottica sarebbero visti eutanasia e suicidio? Quali sviluppi avrebbero violenza, sovrappopolamento del pianeta, conquista dello spazio, rapporti fra gioventù e terza età?

Riepilogando

✓ La nostra società spinge sempre più in là nel tempo il momento del decesso, il che, di per sé, è una buona notizia. Ma questa conquista della medicina e della democrazia non deve farci dimenticare che noi siamo mortali. Per dare un genuino senso alla vita, dobbiamo ricordarci ogni giorno di questa verità.

✓ La morte va sdrammatizzata. Farne oggetto di un grande dibattito internazionale aiuterebbe a fare il punto su tutti gli aspetti del problema e a rimettere il mistero della morte al centro della nostra vita.

14

La medicina della felicità

Le guerre non sono mai una soluzione

Né contro la droga

La lotta alla droga non ha eliminato la droga, né ha impedito che la gente ne facesse uso. La portata del fenomeno, anziché essere limitata, è stata, al contrario, ingigantita, conseguenza tipica del proibizionismo. Gli effetti di esclusione ed emarginazione si sono moltiplicati, paura e criminalità si sono accresciute, come anche gli atti di delinquenza comune commessi dai tossicodipendenti.

Non sarebbe meglio deporre le armi e restituire al singolo individuo la sua libertà e le sue responsabilità? La conseguenza più immediata sarebbe il crollo del business illegale della droga, e quindi del crimine organizzato che esso alimenta. Anziché farci ossessionare dalle sostanze, faremmo meglio a concentrarci sul vero problema, che è il disagio giovanile. Anziché proibire e punire, dovremmo dedicare più tempo ad amare, ascoltare, capire le angosce della fascia sociale più esposta.

Se la droga fosse in vendita controllata presso le strutture ospedaliere, o reperibile in farmacia su prescrizione, il problema si sgonfierebbe enormemente: anzitutto i consumatori sarebbero incoraggiati a trattare con dei terapeuti, anziché con i pusher; inoltre il fenomeno perderebbe tutta la sua dimensione di pericolosità sociale, criminosa e mafiosa.

Né contro la violenza

Anche la guerra vera e propria, d'altra parte, non è più vista come una soluzione ai conflitti: non è con lo scontro che si ridimensiona la violenza, ma con la democrazia, la comunicazione, l'associazionismo, gli scambi economici – che sono il vettore essenziale della cultura e della ricchezza e la chiave del loro diffondersi – e l'informazione. La guerra cresce nell'humus dell'incultura e della povertà.

Grazie alla democrazia, siamo quasi riusciti a eliminare questa piaga dal pianeta. Certo, apparentemente sembra vero il contrario, ma si tratta in realtà di una deformazione mediatica: oggi se ne parla molto più che in passato, e alcuni conflitti occupano le prime pagine dei giornali quasi quotidianamente. Un approccio meno emotivo e più scientifico all'evoluzione in atto permette di poter giudicare in modo più attendibile i risultati dell'azione politica mondiale.

In un articolo di qualche anno fa si legge:

> Da un rapporto dello Human Security Centre emerge una riduzione drastica nel numero di guerre e di violazioni dei diritti umani nel corso degli ultimi dodici anni. Stando allo studio intitolato «Guerra e pace nel ventunesimo secolo»,* dal 1992 a oggi il numero di conflitti armati è calato del 40%. Malgrado i casi della Bosnia e del Ruanda, anche il numero

* Human Security Centre, *Human Security Report 2005: War and Peace in the 21st Century*, Oxford University Press, New York 2005.

> di genocidi e massacri su vasta scala è precipitato dell'80% dalla fine della Guerra Fredda... Dal 1988, un centinaio di conflitti è cessato. Nel corso degli ultimi dieci anni, il numero di profughi sarebbe così calato del 30%. Sono divenuti più rari anche i tentativi di colpo di Stato, 25 nel 1963 a fronte di 10 nel 2004, peraltro tutti falliti.
>
> Le guerre non sono soltanto meno numerose, ma mietono anche meno vittime. Nel 1950, una guerra faceva in media 38.000 morti, contro i 600 del 2002...
>
> *Le Monde*, 18 ottobre 2005

Al contempo, ci sentiamo sempre più coinvolti nel fenomeno dal punto di vista umanitario. Le associazioni di soccorso e sostegno si moltiplicano nei luoghi caldi del pianeta, così come si moltiplica, in proporzioni inimmaginabili, l'impegno profuso. Sono divenute una presenza ineludibile in ogni scontro armato. Si assiste a un forte sviluppo dell'empatia umana: stiamo andando incontestabilmente verso la pace! Un certo numero di focolai di violenza e di conflitto persiste, tenuti in vita, sostanzialmente, dai mercanti d'armi e dalle loro lobby, ma sono sempre più limitati dallo sviluppo della democrazia.

Né contro la malattia

La medicina può uccidere! Ogni anno, negli Stati Uniti, oltre 100.000 decessi sono imputabili agli effetti nefasti dei farmaci; altri 120.000 a errori medici. In totale, 225.000 morti,* il che fa della medicina la terza causa di mortalità negli USA.

Sono dati ai quali andrebbero aggiunti gli incidenti stradali

* Riccardo Starfield in *Journal of the American Medical Association* (*JAMA*) vol. 284, n. 4, 26 luglio 2000.

imputabili all'effetto dei farmaci, i 12.000 decessi in conseguenza di interventi chirurgici non indispensabili e, in ospedale, i 7.000 morti per colpa di errori di prescrizione, e 20.000 morti per tutte le altre altre cause.

L'emergenza non riguarda solo l'America. Se analizzassimo il fenomeno su scala mondiale, rischieremmo di scoprire facilmente che, ogni anno, da 2 a 3 milioni di decessi sono da attribuire alla medicina e ai farmaci!

E il conto delle vittime non si ferma qui. Oltre a chi perde la vita, ci sono anche coloro che restano al mondo con danni permanenti causati dalla pratica medica: paralitici, non vedenti e tutti coloro che hanno avuto l'esistenza devastata dalla malasanità. Per non tralasciare gli effetti perversi dell'abuso di farmaci: per esempio, il ricorso massiccio e ingiustificato agli antibiotici rafforza la resistenza dei batteri, annullando così in buona parte l'efficacia degli antibiotici proprio nelle situazioni in cui sarebbero invece indispensabili!

Ciò significa che dovremmo evitare ogni ricorso alla medicina e alla farmacologia, come suggeriscono alcune sette religiose?

No, niente affatto. Personalmente, sono un grande sostenitore dei farmaci, sia omeopatici, sia allopatici. È stato l'eminente medico Samuel Hahnemann (1755-1843), farmacologo e tossicologo, a enunciare questo duplice concetto. Egli definiva «allopatici» i farmaci che utilizzano il principio del contrasto per debellare la malattia o risolverla attraverso uno sfogo (come fa, per esempio, il lassativo nei casi di stitichezza). Tutti i vari «anti» rientrano in questa categoria: antibiotici, antistaminici, antinevralgici eccetera. Hahnemann li chiamava anche «antipatici», poiché la loro azione è contraria a quella degli omeopatici, che agiscono «per simpatia» con la patologia, ossia comportandosi allo stesso modo. I farmaci omeopatici provocano nel malato una reazione che stimola e rafforza le difese naturali. Somministrati in diluizione, non provocano alcun effetto secondario: o funzionano, o non funzionano, a seconda che siano indicati e correttamente preparati. Fondamentalmente è solo una questione di buonsenso: si dovrebbe ricorrere agli allopatici con prudenza e misura, quando sono davvero indispensabili e realmente benefici. Secondo la famosa rivista *British Medical Journal** solo l'11% dei medicinali in commercio hanno un reale effetto benefico.

Si evince che il medico preferisce i metodi dolci come l'omeopatia, in prima battuta, ogni volta che l'urgenza non impone un'altra strategia.

Non sbagliamo gli obiettivi

Nella concezione comune la malattia è un nemico contro il quale imbracciare le armi. Si finisce così per andare in cerca di un capro espiatorio, quasi sempre un virus o un microbo. I rischi vengono drammatizzati, gli appelli alla popolazione ricordano quelli di una mobilitazione militare: «Restate in guardia e tenetevi pronti!»

L'esacerbazione delle paure individuali e collettive contribuisce a far precipitare la nostra società in un clima d'ansia che favorisce il ricorso massiccio a quelle «armi» rappresentate dalla scienza medica, dai farmaci, dalla chirurgia che, a loro volta, generano altre patologie. Spesso l'organismo umano viene visto come un campo di battaglia in cui ad agenti chimici sempre

* BMJ Clinical Evidence: questa analisi è aggiornata ogni sei mesi e si basa su un'indagine condotta presso i medici. http://clinicalevidence.bmj.com/ceweb/about/knowledge.jsp

più potenti è affidato il compito di ingaggiare una lotta senza quartiere contro nemici ritenuti sempre più temibili.

La medicina attuale dimentica i precetti di Ippocrate, il padre della medicina, anche se continua a venerare la sua immagine in maniera superficiale.

Si interviene su una malattia senza cercare di conoscerne e comprenderne l'origine; non si esita a ricorrere a rimedi che possono provocare effetti indesiderati, senza chiedersi prima se non esistano altri strumenti più adatti e meno tossici; ci si concentra unicamente su un'ipotetica causa esterna.

Ma l'organismo in crisi va davvero aggredito? Virus e batteri sono realmente dei nemici? Non vi sono altre visioni possibili della fisiopatologia?

La risposta è che vi sono più concezioni della malattia. I sintomi possono essere visti come manifestazioni di un'entità separata dall'organismo in cui evolvono; in questa ottica un eczema, le vertigini, l'affanno respiratorio, perfino un'influenza o addirittura un cancro vengono considerati e trattati di per sé, in modo indipendente. Ma possono anche essere interpretati come espressioni di uno squilibrio più profondo dell'individuo nella sua interezza, uno squilibrio di origine psichica, alimentare, osteoarticolare, affettiva, professionale eccetera.

Cerchiamo il senso della malattia

Le malattie, come la sofferenza, hanno spesso un ruolo biologico o fisiopsicologico. Provate a chiedere ai vostri amici: «Perché quando avvicino la mano al fuoco sento bruciare?» Vi sentirete dare risposte scientificamente corrette, come per esempio: «Perché il calore innesca una reazione a livello cutaneo, la quale...» eccetera eccetera. E desterete un misto di sconcerto e disapprovazione intellettuale non appena ribatterete: «No, è solo per farmela togliere da lì!»

Il dolore ha, anzitutto, la funzione e il merito di indurci a modificare un comportamento che l'organismo interpreta come pericoloso. Tutto sta nel riuscire a trovare la chiave di questo comportamento patogeno. Troppo spesso ci scottiamo e poi rimediamo con un analgesico. La medicina e i medici avrebbero, in teoria, il compito di insegnarci a non commettere imprudenze con il fuoco, di farci comprendere i nostri errori.

La malattia non è un nemico. È sia una guida che un processo di guarigione. Come guida, ci invita a sviluppare l'attitudine che ci serve di fronte alla crisi che attraversiamo. Come processo di guarigione, testimonia che il nostro organismo ha già iniziato a risolvere il problema.

Due approcci filosofici della salute, della medicina, della vita

Abbiamo a lungo contrapposto l'omeopatia e l'allopatia, la «medicina dolce» e la medicina «ufficiale», la medicina «scientifica» e la medicina tradizionale. Non si tratta di un vero dibattito. Queste dispute culturali o economiche* nascondono in realtà un contrasto fondamentale e complesso che trae la sua origine nella fede di ognuno di noi.

- Per alcuni la malattia è una sorta di sfortunato incidente, il paziente una vittima passiva, la medicina un prontuario di rimedi, il corpo umano un territorio di scontro tra

* Ci sono dei notevoli interessi in gioco. L'insieme delle aziende farmaceutiche rappresenta un fatturato mondiale di 773 miliardi di dollari; i medicinali omeopatici rappresentano 2 miliardi, cioè lo 0,3%. (Secondo il sindacato dell'industria farmaceutica francese, Leem).

forze indipendenti. Secondo loro, i virus colpiscono alla cieca chi ha la iella di trovarsi a tiro, e a quel punto tocca al dottore curante scendere in campo con le rutilanti armi della scienza. Vi sono persone che vanno dal medico così come portano l'automobile dal meccanico. Ogni guasto deve pur avere una soluzione: «Dottore, mi faccia sparire questo eczema!»

- Altri invece, vedono l'uomo come una creatura «divina», «magica», infinitamente complessa nella sua globalità dalle mille sfaccettature. Credono, anche se non sempre ne sono consapevoli, che ogni malattia sia il segno di una disfunzione dell'individuo nella sua totalità psicofisiologica, emotiva e spirituale, e che valga la pena di cercare di capire il meccanismo di quella alterazione. In quest'ottica, medico e paziente applicano il precetto ippocratico passando insieme in rassegna tutti gli aspetti della vita personale, professionale e ambientale del malato, analizzano i sintomi obiettivi della patologia come manifestazioni di una realtà più profonda, e più importante, a cui occorrerà tentare di dare una risposta.

Questo diverso approccio alla malattia e alla medicina è spesso chiamato approccio «olistico», cioè globale. Esso richiama un'altra attitudine terapeutica basata sulla fiducia nel potenziale di autoguarigione del malato. Si tratta di aiutarlo a superare naturalmente la propria crisi dopo averne eliminato le cause, invece di sostituirsi a lui in questo «lavoro».

È stato Ippocrate, per primo, e nel modo più esplicito, a proclamare chiaramente l'imperativo di fidarsi della natura. Diceva *natura medicatrix*, la natura è il medico. A condizione di lasciarla libera di agire, di non metterle i bastoni fra le ruote. Ecco perché, nella sua celebre scuola sull'isola greca di Cos, consigliava: *primum non nocere*; anzitutto bisogna badare a non nuocere al paziente. In molti casi, la malattia fa già parte del processo di guarigione, eppure, anziché rispettarla, la si blocca.

ESEMPIO

Per esempio, nel caso della febbre che accompagna una sindrome influenzale, si tenderà ad assimilare la febbre a una malattia e a cercare di farla calare a tutti i costi, nella convinzione di combattere in questo modo la malattia. Malati, medici e farmacisti si ritrovano spesso uniti in questa rappresentazione falsata della realtà.

Ma che cosa accade davvero, sul piano della fisiopatologia? Come ogni professionista sanitario sa molto bene, la febbre è il segno di una reazione benefica dell'organismo a un processo infettivo, che spesso è dovuto a sua volta a errori comportamentali (nell'ambito dell'alimentazione o dell'abbigliamento, per esempio).

La febbre è il segnale che il sistema immunitario è in piena azione. Consiste in un rialzo della temperatura corporea ed è anche segno di una reazione di difesa contro un'aggressione interna (a opera di un virus o di un batterio, per esempio). Si tratta sostanzialmente di un buon segno, perché è la riprova dell'attivazione di determinati meccanismi immunitari.

Rialzo termico

Nell'organismo, a fungere da termostato è l'ipotalamo, situato nel cervello. In genere è regolato a 37 °C circa. Si definisce febbre una temperatura pari o superiore ai 38 °C. Sotto l'effetto di sostanze chimiche dette pirogene (ossia in grado di provocare un aumento della temperatura corporea), l'organismo umano si riscalda. Sono sostanze prodotte da alcuni globuli bianchi (leucociti e macrofagi).

Riscaldare quando serve

La febbre è utile per diverse ragioni.

Per moltiplicarsi, i batteri hanno bisogno di ferro e zinco. Ebbene, in fase di ipertermia il fegato e la milza catturano questi elementi, rendendoli indisponibili. Per giunta, la febbre aumenta la velocità di funzionamento delle cellule del corpo, con il risultato che anche le reazioni di difesa risultano accelerate. Infine, il rialzo termico rende più efficace l'attività dei globuli bianchi preposti a combattere l'aggressione.

E non è tutto: la febbre provoca spossatezza e sonnolenza, il che spinge a un sano riposo riparatore. Infine, l'inappetenza connessa alla febbre è utilissima per preservare intatto il potenziale energetico dell'organismo del malato: stando «poco bene», il paziente evita di spendersi in sforzi inutili mentre il suo organismo combatte la malattia.

Conclusione: contrastare la febbre è, in linea generale, un errore

La febbre è parte integrante dei meccanismi di difesa dell'organismo e i vari farmaci antipiretici, ossia contro la febbre, impediscono al nostro fisico di reagire come dovrebbe.

Ovviamente, stati febbrili molto elevati (parliamo di 41 °C) o prolungati rischiano di essere nocivi per l'organismo e di provocare convulsioni: vanno quindi evitati, e la febbre va mantenuta entro limiti ragionevoli, ossia al di sotto di 39,5 °C.

Contrariamente a un'idea molto diffusa, in medicina non è sempre necessario fare del male per fare del bene

Per rimanere in un'impostazione ippocratica, bisogna tentare di stimolare le reazioni dell'autoguarigione, anziché lanciarsi in un interventismo che le blocca. Vanno impiegati anzitutto i mezzi terapeutici che lascino intatte le capacità di reazione del paziente: igiene, dietetica, osteopatia, attività fisica, psicologia, agopuntura, omeopatia. Nessuna di queste tecniche è «iatrogena», ossia suscettibile di scatenare ciò che la nostra società, con pudore, chiama «effetti indesiderati», un po' come in politichese si parla di «vittime collaterali» tanto per far capire che, per fare la frittata, rompere le uova è inevitabile.

Anzi, spesso è vero proprio il contrario. Ma gli interessi economici in gioco nell'allopatia sono tali che si cerca di far credere che gli effetti indesiderati sarebbero purtroppo inevitabili, che quello che non fa male non può far bene! Ecco perché il mondo dell'allopatia tenta di gettare discredito sui medicinali omeopatici o l'agopuntura o l'osteopatia, che pur testimoniano ogni giorno, per un buon numero di patologie, l'esistenza di alternative – credibili, efficaci e completamente sicure – ai farmaci allopatici e alla filosofia di cui sono l'espressione.

Evitiamo il manicheismo

In caso di necessità, evidentemente, paziente e medico concorderanno un ricorso alla medicina «dura», i cui benefici non possono essere misconosciuti: chirurgia, antibiotici, morfinoidi, cortisonici, analgesici, ansiolitici eccetera. Sono io il primo a sostenere che la morfina sia il miglior farmaco mai inventato dall'uomo!* È un rimedio formidabile, che consente a tante persone di sopportare l'insopportabile.

E comunque, malgrado il luogo comune, non è vero che i pazienti sono tendenzialmente manichei. In Italia è stato condotto un sondaggio molto indicativo** secondo il quale la maggioranza della popolazione auspica che il loro medico, una persona nella quale hanno fiducia, sia in grado di prescrivere anche una cura omeopatica, se necessario, e che si mostri ricettivo a tutti i mezzi esistenti per aiutarli nella malattia. Non vogliono la contrapposizione tra «medici complementari» e «medici scientifici (e duri)».

Le «medicine dolci» sono indicate in quasi tutte le patologie più diffuse: nervosismo, allergie, affezioni otorinolaringoiatriche, dermatosi leggere, disturbi della digestione benigni, problemi osteoarticolari lievi. Tenuto conto della loro innocuità, i rimedi dolci sono particolarmente indicati nel bambino, nelle donne in gravidanza e nell'anziano, e dovrebbero pertanto costituire la schiacciante maggioranza degli interventi terapeutici.

La medicina «dura» o d'urgenza è indicata in tutte le altre circostanze. Ma dovrebbe essere circoscritta solo ai casi in cui sia veramente preferibile e non, come avviene oggi, applicata in modo indiscriminato alla vasta maggioranza dei pazienti, indipendentemente dalla patologia.

* *Vedi* al riguardo il mio libro: *Il futuro dell'omeopatia*, Tecniche Nuove, Milano 2004.

** Doxa, *Ricerca sulla propensione alle cure omeopatiche*, febbraio 2006.

Riepilogando

- ✓ La società occidentale è imperniata sul bisogno di combattere, retaggio del mondo bellico e sportivo.
- ✓ Dobbiamo metterci in testa che si tratta solo di un condizionamento: la vita non è una lotta e noi non siamo attorniati da nemici, né siamo il nemico di noi stessi, anzi!
- ✓ Anche la malattia non è un nemico da combattere, ma il segno di una disfunzione, che ha un senso del quale bisogna andare in cerca, un po' come hanno un senso le emozioni. Ricordiamoci dei precetti di Ippocrate: *Natura medicatrix, Primum non nocere*. E cerchiamoci dei medici che abbiano, nei confronti della salute, questo approccio.

15

Ritroviamo le finalità dell'amore

Che cos'è, in realtà, l'amore?

L'amore è la forza che ci spinge verso l'oggetto del desiderio, e quindi verso il nostro destino. Quando amiamo qualcosa o qualcuno, *l'oggetto di questo desiderio corrisponde sempre a una necessità, a sua volta legata a una funzione dell'essere umano.* L'amore è una pulsione, come la fame, come la sete, che si impone a noi in funzione dei nostri bisogni specifici sul piano fisico, psichico o spirituale. È in quest'accezione più ampia che voglio qui intendere i termini *amore* e *amare*, tradizionalmente riservati alle sole relazioni sentimentali.

Propongo di classificare i desideri, e quindi i bisogni, in tre categorie, a seconda che facciano capo a funzioni rettiliane, limbiche o neocorticali.

I desideri rettiliani

Sono ispirati al buon funzionamento dell'organismo: amo bere quando il corpo ha bisogno d'acqua, amo mangiare quando reclama un alimento solido, amo dormire quando è stanco. Il desiderio rettiliano ci guida verso ciò di cui il nostro fisico ha bisogno nel momento stesso in cui è necessario. Quando il bisogno è soddisfatto, il desiderio si estingue, poi svanisce. È il garante della nostra salute.

I desideri limbici

Rispondono alla sollecitazione dei condizionamenti, innati o acquisiti. Il cervello limbico tenta di riprodurre automaticamente e sistematicamente le situazioni che ci hanno già procurato un piacere fisico o psichico, ricercando o accogliendo con favore un certo paesaggio, un dato cibo, una tale persona o azione. Analogamente, i programmi limbici ci allontanano da tutto ciò che, in precedenza, ci ha procurato sofferenza, fisica o psichica. I riflessi dell'attrazione o della repulsione saranno tanto più forti quanto più intensa e reiterata sarà stata l'esperienza originaria.

L'attrazione limbica è un po' «di pelle», non basta a raggiungere la felicità e rischia addirittura di allontanarcene. Una bella mela non è automaticamente buona; l'incantevole fotografia di una spiaggia con tanto di palme, mare azzurro e bungalow fa subito sognare, ma non di rado chi ci va vi trova odori nauseabondi, caldo asfissiante, alloggi scomodi... e le tanto agognate vacanze si rivelano un disastro.

Ecco perché le forme di attrazione limbica, fondate essenzialmente sull'apparenza, vanno convalidate dall'intelligenza e dal rettiliano. Per esempio, il gusto e il profumo permetteranno di confermare l'attrazione verso quella bella mela sul ramo.

Ciò vale non solo per un frutto o per un paesaggio, ma anche per i rapporti umani, benché in modo più sofisticato e più complesso.

L'attrazione limbica non si basa soltanto sull'aspetto esteriore, ma anche sui comportamenti o sui sistemi di riferimento. Un cervello limbico «sportivo» si troverà a proprio agio con chi apprezza lo spirito di competizione. Un cervello limbico «intellettuale» sarà spinto verso chi disapprova la violenza fisica, che reputa barbara e retrograda. Un cervello limbico «raffinato» troverà volgare un individuo che esprima apertamente le proprie pulsioni naturali. Viceversa, un cervello limbico più «fisico» giudicherà effeminata e ridicola la persona sofisticata, e inutile e pericolosa quella intellettuale.

Una relazione limbica genera un piacere effimero, che ben presto si conclude in frustrazione. Non porta alla completa soddisfazione, ma soltanto un'interruzione provvisoria e imperfetta della solitudine affettiva. Darà l'illusione della felicità per un periodo molto limitato, magari trarrà in inganno anche amici e famigliari, ma è qualcosa di posticcio.

Il cervello limbico, lo ribadisco, è quello degli automatismi. Finché viene utilizzato come un subordinato che si limita a proporre soluzioni all'intelligenza neocorticale, nulla da eccepire. Ma se gli si lascia carta bianca nel mettere in atto i suoi programmi, ecco che l'esistenza si riduce a un insieme di comportamenti automatici, non si riesce più a esprimere il proprio essere profondo. Occorre rimanere vigili. Se ci si limita a soddisfare i soli bisogni limbici, si vive nella routine: si ascolta sempre la stessa musica, si guarda sempre lo stesso genere di film, si leggono sempre gli stessi giornali e gli stessi libri, si guardano sempre gli stessi programmi televisivi, si fanno sempre gli stessi viaggi, si frequentano sempre le stesse persone, si mangia sempre lo stesso cibo... le giornate sono tutte uguali. Si finisce per vivere senza aver vissuto, non per mancanza di varietà e di fantasia, ma perché le abitudini ci impediscono di progredire. I nostri gusti, e quindi i nostri bisogni, evolvono senza posa e noi dobbiamo essere in grado di ascoltare queste evoluzioni, perché sono il riflesso di cambiamenti profondi, che a loro volta ci conducono verso la nostra missione biologica e spirituale che, se compiuta, porta all'autentica felicità.

Le relazioni neocorticali

Parlo intenzionalmente di *relazioni*, anziché di desideri, perché questa parola ha una connotazione molto fisica, e non esprime interamente l'essenza della relazione neocorticale. La relazione neocorticale dunque, non scaturisce da un bisogno fisico o sensuale né da programmi automatici. Prendono forma nello spirito di avventura, nel gusto dell'impresa, nell'istinto della scoperta: tre manifestazioni dell'istinto insito nella neocorteccia.

L'attrazione neocorticale fa sì che si attraggano reciprocamente coloro che vogliono realizzare il medesimo, o simile, progetto, oppure uno complementare. I progetti sono la chiave e la contropartita della felicità: più si è felici, più si è disponibili ai propri progetti personali, e più si è pronti ad attuarli con metodo e intelligenza. Più se ne sviluppano, più si è felici. Lo stato di felicità induce un sereno equilibrio e favorisce l'espressione di progetti che, a loro volta, portano a «reclutare» i partner giusti per attuarli.

Le relazioni neocorticali non sono fatte di apparenze, contrariamente al desiderio limbico, né di stimoli fisici, diversamente dall'attrazione rettiliana. Si fondano invece sulla curiosità, la riflessione, l'osservazione dei comportamenti e degli atti, sulla messa in atto di progetti comuni. Infine, la ricerca della persona (o delle persone) con cui condividere un percorso non presuppone necessariamente l'attaccamento affettivo.

Andrea vuole fare una traversata oceanica in barca a vela. Questo è il suo progetto e, anche se potrebbe tentare da solo, preferisce avere dei compagni di viaggio per ragioni di competenze, costi, sicurezza e di piacere della condivisione. Quel progetto è frutto di un'attenta riflessione. Andrea ci lavora da tempo, ha seguito dei corsi, si è informato sui momenti più indicati per la partenza, si è occupato dei problemi finanziari e pratici. Tutto è dunque pronto per la seconda fase: trovare persone che abbiano al tempo stesso la voglia e la capacità di imbarcarsi con lui.

Il nostro velista a questo punto dovrà verificare, sulla base di qualche uscita di breve durata, che i suoi compagni non presentino né verso di lui, né fra di loro, forme di incompatibilità limbica (i condizionamenti possono armonizzarsi fra di loro o, al contrario, scontrarsi frontalmente) o addirittura neocorticale (i progetti non sono sempre così sovrapponibili o convergenti come si era pensato).

La relazione neocorticale non nasce da sola, va ricercata e costruita pazientemente. Occorre fare anzitutto un lavoro di introspezione, chiarendo i propri progetti, le proprie scelte, il proprio essere profondo; bisogna lavorare su se stessi per eliminare a poco a poco eventuali condizionamenti e blocchi che impediscano di vivere la propria vita, di realizzarsi pienamente. Poi è necessario ascoltare il mondo esterno, così da ampliare le proprie vedute, e cominciare a individuare potenziali compagni che potrebbero rivelarsi utili nel progetto esistenziale. Se questo non è ancora sufficientemente chiaro, si può andare in cerca di persone che aiutino ad affinarlo, ad affrontare le paure e a evitare le trappole dei condizionamenti. Un ruolo che, idealmente, dovrebbe toccare alla famiglia, ma non è sempre così. In ogni caso, è proprio questo il genere di «famiglia» che abbiamo interesse a costruire attorno a noi, e che ci tutelerà nella nostra avventura.

Due cuori e una capanna

L'Amore con la A maiuscola

L'amore che tutti sognano, quello che alimenta l'industria dei media, non esiste. Esso corrisponde a un ideale irrealistico e fantasmatico; è un prodotto del cervello limbico.

Ed effettivamente, tutti i riferimenti dell'amore romantico non hanno riscontri concreti; si pretende un trasporto passionale, dunque per natura effimero, e al contempo eterno: è quantomeno illogico. Victor Hugo, ne *I miserabili*, descrive mirabilmente la dinamica psichica della passione, o amore cieco: «La riduzione dell'universo a un solo essere, la dilatazione di un solo essere fino a Dio: ecco l'amore».

Lo scrittore si riferisce indubbiamente a una situazione reale ma, come si è già visto, destinata a svanire nel giro di qualche settimana, o di qualche mese. È un fatto biologico: in altri termini, è possibile vivere questa avventura anche con grande entusiasmo quando ne siamo investiti, ma non per sempre. Immaginiamo che la passione iniziale siano il fiammifero e il legnetto da cui scaturisce la fiamma: di per sé, un fuoco di breve durata.

Scambiare i propri desideri per realtà è un atteggiamento tipicamente limbico che può portare solo a delusioni e crisi. La donna romantica se ne sta lì ad aspettare che l'uomo la concupisca, senza fare nulla per accenderne il desiderio, perché pretende che sia lui a darle la prova manifesta del suo amore. Ed è l'inizio della catastrofe. Per non parlare del furore passionale, che causa ogni giorno omicidi, suicidi e gravi forme depressive. Non v'è nulla di allettante in tutto ciò, tranne che nelle primissime fasi.

Insomma, il romanticismo va bene al cinema, ma la neocorteccia non può davvero sognare un sentimento unico, assoluto, eccessivo. Al contrario, l'intelligenza apprezza la relatività della relazione amorosa, anzi, delle relazioni amorose, ciascuna con la sua vita e il suo destino specifico.

Le relazioni di coppia

In generale, in una relazione amorosa di coppia sono presenti tutte e tre le tipologie di attrazione, anche se in gradi diversi. Un determinato legame avrà perciò una connotazione più rettiliana, cioè «fisica», un altro sarà prevalentemente neocorticale, oppure limbico.

Spesso la relazione è innescata da un automatismo: l'attrazione per l'aspetto fisico, l'ambiente, lo stile, il modo di porsi, il contesto; prosegue, eventualmente, se soddisfa il bisogno rettiliano: l'odore dell'altro, il suo tocco, e qualcosa di più se c'è affinità... Infine la relazione si prolunga se vi è attrazione neocorticale, ossia se il progetto di vita di ambedue si sovrappone almeno in parte.

Sino a qualche decennio fa, i progetti di vita in comune su cui si reggevano le famiglie erano di natura essenzialmente economica: la perpetuazione di una piccola azienda in cui si accumulavano funzioni diverse. Mettere al mondo dei figli non era un obiettivo romantico, ma il miglior modo, per non dire il solo, di reclutare forza lavoro e assicurare così la continuità del mezzo di sussistenza (ossia il lavoro stesso), del mestiere (attraverso le competenze tecniche) e delle terre. La famiglia diveniva un centro di formazione professionale, che esigeva prestazioni lavorative ma garantiva sicurezza ai suoi componenti in caso di malattia o di infortunio. Nella costruzione di questo nucleo, l'amore trovava uno spazio molto limitato. La costituzione di un gruppo famigliare era l'obiettivo, non la conseguenza dell'unione. L'umanità si è sviluppata sostanzialmente grazie a questo modello. E continua a farlo ancora oggi: in India, almeno la metà dei matrimoni è combinata; i due sposi si incontrano all'atto del matrimonio e imparano ad amarsi a partire da quel momento. Le unioni che si sfasciano sono meno numerose di quel che si possa pensare.

Oggi che cosa resta per trasformare una relazione amorosa in progetto famigliare?

La risposta è: sempre i figli, ma non più per una finalità economica. Fare dei figli può rivelarsi un progetto di vita formidabile, a patto di eliminare da esso ogni connotazione limbica: la consuetudine, la spinta all'omologazione, il riconoscimento di un ruolo da parte della società. Credo che, su questa Terra, ci tocchi una duplice missione: dare il nostro apporto personale all'evoluzione del pianeta e trasmettere la nostra esperienza, la nostra sensibilità, la nostra visione del mondo, la nostra fiammella interiore. Ai nostri diretti discendenti, se abbiamo la fortuna di averne; ai nostri amici, alle persone con cui lavoriamo, a tutti coloro con i quali abbiamo la voglia e la possibilità di condividere tutto ciò.

Per meglio capire i misteri e le incertezze delle relazioni amorose, e più in generale dei rapporti di coppia, vi consiglio la lettura di un libro che mi ha appassionato: *Perché le donne non sanno leggere le cartine e gli uomini non si fermano mai a chiedere?** Questo libro, che per via del titolo potrebbe apparire di pura evasione, è in realtà un testo estremamente serio ed enormemente utile al genere umano. Gli autori, una coppia anglo-australiana (lui psichiatra, lei neurobiologa) hanno accumulato una considerevole mole di cognizioni scientifiche sul

* Allan e Barbara Pease, *Perché le donne non sanno leggere le cartine e gli uomini non si fermano mai a chiedere?*, Sonzogno, Milano 2001. Spesso viene confuso con un altro libro, senza pretese e sostanzialmente umoristico: *Gli uomini vengono da Marte, le donne da Venere*, di John Gray, Sonzogno, Milano 1996. Ma l'idea alla base è la stessa: uomini e donne sono davvero due specie diverse e non riescono a capirsi.

funzionamento intimo, fisiologico e psicologico di queste due «specie» tutto sommato piuttosto diverse che sono l'uomo e la donna. Una lettura da non perdere per riuscire finalmente a capirsi, o piuttosto per scoprire e ammettere che non potremo mai capirci davvero! Ma anche che, tuttavia, nulla vieta di amarsi.

Forse il rimescolamento delle popolazioni e l'indebolimento di certe posizioni religiose, ora rimesse in discussione, nei prossimi anni porterà a una riflessione creativa sullo sviluppo delle relazioni sentimentali nella vita moderna, sull'evolvere della famiglia come struttura. Si assiste ora a un fenomeno di particolare attualità: la moltiplicazione delle famiglie allargate. Quando invece, per lungo tempo, si è pensato che il dilagare dei divorzi avrebbe fatto passare a tutti la voglia di sposarsi o di mettere al mondo dei figli...

L'amore compassionevole

La felicità ci apre al prossimo. Non c'è alcun bisogno di forzarsi: è una cosa che avviene spontaneamente, come la respirazione o il sonno. Quando sono felice non mi sforzo di amare gli altri, li amo naturalmente come se facessero parte della mia famiglia, non mi preoccupo dei loro «difetti». Li accetto così come sono, se sono felici condivido la loro felicità. Se soffrono fisicamente sento la loro sofferenza, l'accetto e la condivido, non soffro al posto loro; se soffrono psichicamente comprendo e accetto le loro emozioni ma cerco di non lasciarmi coinvolgere. In caso di bisogno sono disponibile, ma molto più all'ascolto della loro espressione neocorticale che dei loro stati di emergenza o dei loro condizionamenti.

«Occuparsi» degli altri senza prima essersi «occupati» di se stessi porta al risultato opposto: anziché dispensare felicità a chi ci attornia, inconsapevolmente ma irrimediabilmente diffondiamo aggressività, ansia o tristezza.

Paolo deve misurarsi con la sofferenza della figlia Valentina. Come ogni genitore, tende a sentirsi in colpa e a fare di tutto per evadere da una realtà insopportabile. Ciò lo fa precipitare in uno stato d'emergenza, rendendo molto difficili i rapporti con la ragazza.

Paolo deve evitare di cadere in una simile trappola: solo così sarà in grado di comunicare con la figlia, anzitutto ascoltandola, e lasciando che, tra loro due, questo fatto trovi una sua collocazione, perché in quel momento la sofferenza è parte di Valentina, e Paolo deve accettarla.

Dovrà poi adattare il proprio comportamento alla natura specifica di tale sofferenza.

Sofferenza fisica

Anche se è possibile intervenire dal punto di vista medico-farmacologico, Paolo ha comunque bisogno di tempo per accettare, e ascoltare, la sofferenza della figlia. Non può scaricare questo compito relazionale sulla sanità.

Se invece ogni intervento è vano, Paolo deve sforzarsi di accettare il fatto, perché un rifiuto risulta, per chi soffre, ancora più insopportabile. Quando stiamo male, non possiamo certo comunicare con chi non riconosce o non accetta il nostro stato, ed è come se, fra costui e noi, si ergesse un muro.

Paolo non può prendere su di sé la sofferenza di Valentina, né ha poteri di guarirla: è fondamentale che le dimostri il proprio amore. Basta anche un sorriso carico d'affetto, uno sguardo complice, sereno e aperto, o una semplice presenza discreta. Può offrirle attento ascolto, o ancora una completa privacy così da permetterle di ritrovare il contatto con se stessa.

Paolo può aiutare la figlia a superare il proprio dolore solo se è in grado di accettarlo a sua volta serenamente. È rimanendo in stretto contatto con la propria solida serenità (malgrado tutto) che potrà trasmetterla alla figlia, almeno in parte, trovando un atteggiamento adeguato perché compassionevole ma non piagnucoloso. È difficile non farsi trascinare reciprocamente nelle emozioni, specie quando si tratta dei nostri cari. La malattia, il dolore, l'agonia sono fonte di una processione di immagini limbiche, e di dolorose tensioni drammatiche.

Ecco il dialogo intimo e doloroso fra il cervello limbico e la neocorteccia di Paolo.

CERVELLO LIMBICO: *Che cosa posso fare per lei? Sono nell'impotenza più totale!*

NEOCORTECCIA: *Ma non è vero, si può fare moltissimo! L'amore è la migliore medicina, da sempre. Tanto per cominciare, è fondamentale che io accetti la sua sofferenza, senza minimizzarla e senza drammatizzare, che io l'ascolti e soprattutto che io resti me stesso, per condividere con lei il mio amore e la mia fiducia, qualunque cosa accada.*

CERVELLO LIMBICO: *Ma non so che cosa dirle!**

NEOCORTECCIA: *Non occorre parlare per forza, la parola non è in grado di veicolare ogni cosa e men che meno tutto l'amore che nutro per lei. Ma posso sforzarmi di trasmettere, con le parole, la forza e la complessità dei miei sentimenti, la mia fiducia nell'esistenza e nell'umil-*

* A questo proposito, un libro da non perdere è *Oscar e la dama in rosa*, di Éric Emmanuel Schmitt (Mondolibri, Milano 2004). Un capolavoro di sensibilità, intelligenza e poesia.

tà davanti alla realtà, e anche le mie contraddizioni fra accettazione e ribellione.

CERVELLO LIMBICO: *Non so se sarei in grado di reggere tutta quella sofferenza e tutta quella paura, se fossi al suo posto!*

NEOCORTECCIA: *È una domanda fuori luogo, non sono al suo posto ma al mio, non ci si può mettere al posto di nessuno e, soprattutto, bisogna vivere la propria vita con la massima autenticità e con la massima intensità possibile. Se mi faccio queste domande è solo perché ho paura di non essere all'altezza. Mia figlia vuole che io sia io, non che io sia lei… Calma e sangue freddo. L'esperienza dimostra che chi si trova in condizioni critiche trova spesso in sé risorse inattese.*

CERVELLO LIMBICO: *Avrei preferito che capitasse a me.*

NEOCORTECCIA: *Ognuno ha la sua quota di difficoltà e di sofferenza nella vita secondo un criterio che non ci è dato di capire; rifiutare questa realtà significa rifiutare la vita e ciò mi impedisce di amare mia figlia, di ascoltarla; se io respingo la sua sofferenza, lei avrà ancora più difficoltà ad accettarla e si abbatterà ancora di più.*

CERVELLO LIMBICO: *È inammissibile, non c'è proprio nessuna giustizia divina!*

NEOCORTECCIA: *Questo concetto è un'invenzione puramente umana che rappresenta la proiezione delle mie paure e dei miei fantasmi; per essere felici occorre riconoscere la vita per quello che è, e non per quello che vorremmo che fosse.*

CERVELLO LIMBICO: *Come ha potuto farsi incastrare in questo modo dalla malattia?!*

NEOCORTECCIA: *Questo significa ricorrere a un capro espiatorio per dare sfogo allo stato di emergenza.*

CERVELLO LIMBICO: *Dottori buoni a nulla, non sono neanche capaci di farla guarire!*

NEOCORTECCIA: *Ecco che sto cercando ancora il capro espiato-*

rio, qualcuno su cui scaricare il mio stato d'emergenza, ecco un nuovo evitamento che mi allontana da mia figlia e che non fa che rafforzare la sua sofferenza e il suo isolamento, e magari anche i suoi sensi di colpa.

CERVELLO LIMBICO: *Ah, bel padre che sono!*

NEOCORTECCIA: *Questo bisogna lasciarlo giudicare a lei e soltanto a lei. Il modello del «padre salvatore» non ha alcuna attinenza con la realtà, così come l'archetipo del «medico superman»; ancora una volta mi sto autodenigrando con il risultato di allontanarmi da mia figlia, posso darle solo ciò che apprezzo e che mi piace in me; se mi giudico male, lei si giudicherà cento volte peggio.*

Sofferenza psichica

La sofferenza di Valentina è di natura psichica, si tratta dunque di un conflitto fra la sua intelligenza e i suoi condizionamenti. A questo punto occorrerà muoversi in modo completamente diverso: Paolo si ritrova a fare i conti con uno stato d'emergenza dell'istinto, ossia dinanzi a una paura, una rabbia o una depressione che attendono solo di potersi esprimere, di potersi sviluppare per poi riassopirsi rafforzando in questo modo la convinzione che le ha generate.

Egli deve anzitutto prendere le distanze per tutelarsi mentalmente da questo meccanismo psicologico, evitando così di farsi coinvolgere. Non deve dimenticare che la collera, la depressione o la rabbia della figlia non sono rivolte contro di lui, non sono un rimprovero strisciante, ma che *sono*, punto e basta. Si tratta solo di emozioni che, in qualche modo, si impossessano di sua figlia, imprigionandola e stravolgendo ogni sua capacità di comunicazione.

A questo punto, Paolo dovrà cercare di «disattivare» il sistema limbico di Valentina, e per farlo vi sono più modi possibili.

Sviare l'attenzione della figlia per scacciarne il pensiero condizionato nocivo. È il metodo più semplice e immediato, ma non è durevole. Paolo può ricordare a Valentina che presto sarà il suo compleanno e che non ha ancora deciso chi invitare, o ricordarle gli ottimi risultati che ha appena ottenuto nello sport, oppure congratularsi per la nuova pettinatura. Ma è meglio andarci piano: si rischia di incappare in qualche argomento scottante.

Facilitare il ritorno dell'intelligenza al controllo del sistema. È la strada più difficoltosa ma più risolutiva. Se Valentina è in stato d'emergenza, è perché la sua riflessione personale è repressa. Paolo può invitarla ad approfondire con serenità la questione che la fa soffrire. Può darsi allora che giunga rapidamente il sollievo, magari definitivo. Ma non è facile portare alla riflessione chi è in preda alle emozioni. Il cervello limbico si oppone con ogni mezzo all'intrusione della neocorteccia nel proprio automatismo. Occorrono tatto e pazienza, nonché un minimo di cooperazione da parte del soggetto sofferente, che può consistere in una richiesta d'aiuto, diretta o indiretta.

Il vero significato della compassione

Compatire, in questa accezione (e contrariamente all'etimologia), non significa «soffrire con». Quale sarebbe, in effetti, il senso di una sofferenza spartita con qualcun altro? Se abbiamo una parte del corpo dolorante, troveremo sollievo perché ce l'ha anche un nostro caro amico? No. Ciò che desideriamo, e ciò che ci serve, è essere capiti nella nostra pena, che essa venga rispettata e accettata per ciò che è, né più, né meno. Non abbiamo voglia, né bisogno, che qualcun altro soffra. Anzi, accanto a noi serve proprio una persona in salute, serena, perché possiamo trarre forza da questa serenità.

Jacques Salomé, psicosociologo, poeta e autore francese di

grande fama, esprime così l'idea: *Ciò che conta non è voler rendere felice l'altro, ma rendere felici se stessi e offrirgli questa felicità.**

Chi è in preda a una sofferenza vuole soltanto considerazione di ciò che è nella sua interezza, dolore compreso. Non vuole essere accettato o amato unicamente per le sue qualità, o solo quando è in forma, ma anche con i suoi difetti e i suoi momenti bui.

Nella vita di ogni giorno, spesso è difficile capire e accettare la sofferenza degli altri. Anzi, di solito non siamo pronti a riceverla, come dimostra questo dialogo.

«Ciao. Come stai?»
«Non troppo bene, ho dei mal di testa tremendi.»
«Sei andato dal dottore?»

Anzitutto ci accertiamo che l'interlocutore abbia fatto tutto il possibile per sopprimere il dolore, che noi per primi fatichiamo ad accettare, e magari ci lanciamo pure in una lunga disquisizione sulla validità dei farmaci e delle cure, sui problemi analoghi di un altro amico e sui rimedi che ha utilizzato: tutti espedienti per evitare il confronto diretto con la sofferenza. Si crede (ed è una credenza condizionata) che essa gli impedisca di essere felice.** In realtà non è così, a meno di non fuggire dalla realtà e chiudersi in un'illusione fatta di belle immagini condizionate, come uno

* Jacques Salomé, *Rivoluzione relazionale: se mi ascolto... magari mi capisco!*, Amrita, Torino 2008.

** Spesso la paura di invecchiare è alimentata dal vedere gli anziani alle prese con acciacchi e dolori, dai denti alle articolazioni, alla circolazione e così via. Fortunatamente, quando si comincia a invecchiare si hanno tre belle sorprese: da un lato, alle nuove sofferenze si accompagnano piaceri inediti, o più intensi, in ogni ambito. Dall'altro, ci si abitua a soffrire: quello che all'inizio appare un patimento insostenibile diviene spesso (anche se purtroppo non sempre) tollerabile. In terzo luogo, ci si rende conto che la sofferenza fisica non impedisce la felicità. Invecchiando, la felicità non fa che accrescersi. Una buona notizia, no?

spot, in cui la felicità è legata alla bellezza esteriore, all'assenza di malattia, al potere, alla ricchezza eccetera. A questo punto ecco che arriva il tale con la sua sofferenza! E viene una voglia matta di liberarsene per tornare al più presto al «film» di prima. Ma l'intelligenza, che non avalla questa visione, reagisce provocando così uno stato d'emergenza, e in alcuni casi anche di fuga, che si manifesta con una certa azione (la logorrea) e con la tendenza all'evitamento.

Affrontando la paura della sofferenza altrui, accettandola e ascoltando chi ci sta davanti nella sua condizione (e malgrado la sua condizione), spesso si giunge a un tale livello di qualità relazionale da provarne nostalgia, quando si torna poi ai consueti rapporti con le persone normali. In realtà, di normale non c'è nessuno: tutti hanno qualche pena e nulla impedisce rapporti anche di qualità molto elevata, di grande autenticità e intensità, fra persone «comuni».

Vent'anni fa ho avuto l'occasione di vivere un'esperienza che mi ha letteralmente trasformato. Si trattava di uno stage destinato a chi aveva dovuto affrontare un trauma esistenziale, organizzato dall'associazione Métamorphose e coordinato da Maurice Clermont, psicologo specializzato anche nell'assistenza ai morenti e nella formazione in materia. Lo stage durava dodici giorni, con una quindicina di partecipanti assistiti da cinque o sei fra medici, psicologi e altri terapeuti. All'inizio ci guardavamo tutti in tralice, senza avere il coraggio di rivolgerci la parola, perché non sapevamo se fossimo persone colpite da una grave malattia, o da un grave lutto. E in realtà fra di noi c'erano malati, una madre che aveva appena perso il figlio, un drogato e altri che invece non avevano dovuto subire alcun grave trauma nella vita, come il sottoscritto. Ma tutti cercavano di appiccicare agli altri delle etichette: quello ha un tumore in fase terminale, quell'altro ha il linfoma di Hodgkin, questo l'AIDS, e così via. Ma a infondere vita e umanità, amore e fiducia in quel gruppo pieno di paure ha pensato Maurice Clermont. Tre giorni dopo, non eravamo più un gruppo di presunti malati, ma di persone «normali», con le loro sofferenze, speranze, gioie, desideri, rabbie, paure, amori. Insieme abbiamo condiviso un'esperienza difficile ma appassionante, arricchente e piena di calore umano.

Ci avevo messo un bel po' per decidermi a iscrivermi. Non avevo nessuna voglia di misurarmi con quelle miserie che rappresentavano per me il dolore, la malattia e la morte imminente. A incitarmi era stata mia moglie, ben conoscendo le mie ricerche sulla felicità, e rendendomi un grande servizio. Grazie a quel gruppo fuori del comune sono cresciuto enormemente. Vi ho trovato un incredibile calore umano, una sorprendente autenticità, una splendida ricchezza di sentimenti. Bisogna riconoscere che Maurice Clermont è un maestro nel modo in cui sa accompagnare i suoi allievi per strade impervie, con passione, delicatezza e semplicità, oltre che con formidabile competenza. L'associazione nel frattempo si è dissolta: troppo pesante da gestire, troppo difficile da far funzionare. Ma ho appena appreso che l'impresa verrà nuovamente messa in atto grazie a Claude Nesme e sono davvero felice per tutti coloro che vedranno le loro esistenze trasformarsi grazie a una simile esperienza.*

La difficoltà di trovare l'atteggiamento giusto davanti al dolore altrui ha tante conseguenze fastidiose. Relega nell'isolamento la persona che soffre e impedisce lo stabilirsi di rapporti umani potenzialmente ricchi e profondi.

Se non sono capace di riconoscere o di accettare la mia stessa

* Chi fosse interessato può rivolgersi a Claude Nesme, Association Métamorphose, 14 square Belsunce, 13001 Marsiglia (Francia).

sofferenza, mi privo di un'informazione utilissima, che potrebbe aiutarmi a progredire verso la felicità.

Se non sono capace di riconoscere o accettare la sofferenza degli altri, mi privo dell'amore.

Riepilogando

- ✓ Tutto ciò che ci capita risponde a una finalità, a livello individuale e/o a livello di specie. È ciò che emerge dall'analisi psicofisiologica dei comportamenti umani. L'amore è l'espressione di un bisogno, come la fame o il dolore. E questo bisogno ha un senso.
- ✓ L'*amore rettiliano* è fisico, governato dai sensi e dall'istinto di sopravvivenza, fra cui l'istinto alimentare.
- ✓ L'*amore limbico* è fatto di riflessi ed è il portato dei nostri condizionamenti o dei nostri istinti gregari (istinto materno o paterno).
- ✓ L'*amore neocorticale* esprime le esigenze della nostra intelligenza: progetti di vita, trascendenza.
- ✓ Per volere bene agli altri, occorre anzitutto volersi bene. Jacques Salomé asserisce che non si deve cercare di fare felici gli altri (cosa che non funziona), ma se stessi, e quindi offrire in dono la propria felicità.

16

La politica: un gusto da ritrovare

Brava l'umanità!

La condizione umana non è cosa facile. Abbiamo potenzialità enormi, ma anche innumerevoli difficoltà da superare. La storia del genere umano non è mai filata via liscia. Dalla nascita della nostra specie (cinquantamila o settantamila anni fa, in un imprecisato angolo d'Africa), è stata tutta una fatica senza posa. Abbiamo affrontato le belve feroci, la fame, la paura, il freddo. Ci siamo dovuti inventare tutto, forti solo del nostro cervello superiore: il linguaggio, la scienza, la filosofia, la democrazia, la medicina. Non male, vero? Certo, con ogni probabilità il Creatore aveva già scritto lo spartito, ma bisognava anche suonarlo!

Dobbiamo quindi nutrire indulgenza per l'umanità, così valorosa, così creativa, eppure così fragile. Evitiamo le solite infinite critiche alle sue follie, alla sua stupidità. Sono rimproveri immeritati, facciamo quello che possiamo. E soprattutto dobbiamo sentirci estasiati davanti alle incommensurabili capacità di cui ci ha dotato il Creatore, grazie alle quali faremo ancora meglio! Certo, all'orizzonte incombono tanti problemi: il buco nell'ozono, l'approvvigionamento idrico, la sovrappopolazione. Ma abbiamo già affrontato ben di peggio, e con risultati eccellenti!

La netta propensione della nostra società all'autocritica

potrebbe avere effetti positivi, stimolanti. E invece no. Quel gusto degenera in un clima fosco, suscita l'inibizione e aggrava i problemi esistenti. Immaginiamo dei bambini che facciano il possibile per agire bene, ma che ricevano sempre e solo critiche: finiranno per scoraggiarsi. Ecco, noi siamo tutti come quei bambini: dobbiamo essere incoraggiati.

La forza creatrice del sogno come progetto

Purtroppo, la passione per le idee e il culto dell'utopia, che sono alla base dei progressi dell'umanità, negli ultimi decenni hanno segnato un declino.

Un popolo senza ideologia è come un'azienda senza un progetto, è una «tecnostruttura» alla Galbraith: un sistema che ruota su se stesso ottimizzando la propria gestione e i propri obiettivi.* È una nave che spiega le vele per trarre il massimo profitto dal mare e dai venti, ma senza una meta precisa.

La democrazia non può funzionare correttamente senza idee. I partiti politici dovrebbero essere incubatori di nuove idee, ma ciò avviene solo molto di rado.

Tra uomini politici, filosofi, scienziati, dirigenti d'azienda, sono in tanti ad avere paura di formulare progetti a lungo termine, di impegnarsi, di *sognare.*

La popolazione stessa limita la propria azione politica alla scheda elettorale e non tenta neppure di immaginare soluzioni che migliorino le sorti dell'umanità. Il deficit democratico non dipende tanto dai limiti della nostra classe politica, quanto piuttosto dall'assenza di riflessione politica in seno alla popolazione.

* John Kenneth Galbraith (1908-2006), economista americano, teorizzò il concetto di tecnostruttura ne *Il nuovo stato industriale*, Einaudi, Torino 1968.

Una carenza che discende direttamente dalla paura di sognare un mondo migliore. Il recente fiasco del comunismo ha lasciato un vuoto enorme e una vera depressione. E una simile disfatta non ha scatenato un grande dibattito, come se fosse scontata! Il liberismo ha messo al tappeto il comunismo senza che nessuno si sia seriamente chiesto se quest'ultimo fosse morto di consunzione o per autolesionismo. E che cos'è davvero questo liberismo trionfale? In assenza di discussioni di questo genere, ecco che nuovi fanatismi, nuovi integralismi rischiano di andare a occupare lo spazio vacante. In modo salutare, la crisi finanziaria del 2008 ci ha appena dato uno scossone, incitandoci a uscire dal torpore intellettuale e a ripensare l'economia.

La connotazione negativa del termine *sogno* (che ritroviamo in espressioni come: «Sognare a occhi aperti») deriva da una confusione fra due concetti che stanno alla base di due atteggiamenti opposti.

- Il *sogno come progetto* dà il segno della capacità immaginativa di un individuo o anche di un gruppo ed è all'origine di ogni innovazione e di ogni avventura.
- Il *sogno come rifugio*, invece, è una fuga davanti alla realtà e non fa altro che rappresentare un momento di oblio in un mondo che ci sforziamo di accettare mestamente.

Quest'ultimo non fa che contribuire a rafforzare l'infelicità: aiuta a sopportare mediante l'evasione nell'immaginario.

Il sogno come progetto, invece, incita a ribellarsi all'inaccettabile e a ricercare le migliori soluzioni possibili. È necessario riabilitare questo tipo di sogno, la visione che ci ha permesso di andare sulla Luna o di dare vita all'Europa unita. Anzi, bisogna far sì che diventi un dovere civico.

Gli Stati Uniti del mondo

Ho in mente un progetto colossale: la creazione della Federazione degli Stati Uniti del mondo! Un'idea che può sembrare folle, utopistica, irrealistica. Certamente sarebbero queste le prime definizioni.

Eppure...

Chi può negare che il nostro pianeta stia diventando un «villaggio»? Si viaggia sempre più, e sempre più velocemente, le distanze si riducono, siamo quotidianamente tutti in contatto tramite Internet, televisione e telefono. Il mondo dell'aiuto umanitario (Medici senza Frontiere, Handicap International, la Croce Rossa...), ma anche quello economico, scientifico, o culturale, già oggi sperimentano il fenomeno della globalizzazione.

Chi può negare che il futuro ecologico della Terra passi attraverso una coraggiosa armonizzazione di tutte le politiche energetiche e industriali?

Chi può negare che la pace nel mondo, il rispetto per le donne e i bambini, l'attenzione alla povertà, la salvaguardia dei diritti umani, la solidarietà si stiano sviluppando nel contesto di una struttura politica unificata?

Chi può negare che probabilmente ci vorrà un'enormità di tempo per arrivarci?

Chi può negare che, di conseguenza, le fondamenta vadano gettate immediatamente?!

È tanto indispensabile quanto ineludibile. Eppure quasi nessuno ne parla. Vi è chi, come Jacques Attali, parla di «governance mondiale», che si sta materializzando già oggi, molto lentamente, grazie alle crisi di cui siamo testimoni: economica, finanziaria, ecologica... Tale governance mondiale è un'emanazione delle dirigenze di tutto il pianeta, ma credo che si debba andare ben oltre.

Soltanto la democrazia (quella dei popoli) potrà dare un senso e una motivazione ai responsabili politici e religiosi.

Quando entro nel merito, mi guardano come stessi dicendo delle assurdità. Ho avuto modo di parlarne con l'ultimo presidente dell'Unione Sovietica, Michail Gorbaciov, di passaggio a Lione per la Green Cross.* Ero certo che avrebbe accolto l'idea con entusiasmo. E invece no: l'artefice di una delle rivoluzioni più importanti del secolo scorso ha alzato le spalle, con fare un po' sorpreso, dicendomi che l'ONU è più che sufficiente... Io sono rimasto di sasso, deluso, ma non scoraggiato. E continuo a far maturare l'idea, a parlarne a chi mi attornia.

Il problema è che, in apparenza, nulla distingue un'idea geniale da una idiota: ambedue, in linea di massima, vengono accolte con lo stesso fare sprezzante. La proposta dell'Europa unita, la teoria eliocentrica, anche l'omeopatia, sono state sempre accolte con freddezza se non addirittura con ostilità. Quindi, se le testate su un interlocutore, la sua reazione non fornisce alcuna indicazione circa la validità.

Ovviamente, non basta che un'idea sia accolta male perché sia buona, ma mi rendo conto che, fra tutte quelle che ho messo in atto, le più osteggiate sono state quelle che si sono rivelate alla lunga più di successo.

In questo caso, i governi non hanno interesse a un'unione sovranazionale: perderebbero una parte del proprio potere. È inoltre chiaro che tanti interessi economici sono legati a situazioni di conflitto e non concorreranno certo al progetto di un'organizzazione politica su scala planetaria. Occorrerà quindi che la volontà scaturisca dalla popolazione; e anche

* La Green Cross è una ONG istituita a Tokyo nel 1993 e da allora presieduta da Gorbaciov. Ha per obiettivo quello di favorire lo sviluppo ecologico della Terra, ossia che tenga conto della limitatezza delle sue risorse.

un piccolo gruppo, se motivato, può far cambiare idea all'opinione pubblica.

In questo genere di progetti, la principale difficoltà viene dalla nostra autocensura davanti alla montagna di problemi da superare. Occorre allora darsi cent'anni di tempo, ed ecco che tutto diviene plausibile. Anzi, super urgente!

Non esitate a farmi sapere che cosa ne pensate contattandomi attraverso la casa editrice.

Un nuovo progetto per l'ecologia?

In politica gli ecologisti dovrebbero svolgere un ruolo essenziale infondendo serenità, sorriso, spirito di condivisione e soprattutto speranza. E invece, avete notato fino a che punto gli esponenti dei partiti verdi assumono l'atteggiamento opposto? Spesso sono livorosi, vendicativi, aggressivi, rigidi, fanatici. Si prendono per i guardiani del tempio, e non certo per angeli della felicità.

Un frequente errore dei movimenti ecologisti è ritenere l'uomo contrapposto all'ambiente, di cui è il nemico per antonomasia. Insomma, da un lato starebbe la natura, bella e leggiadra nelle sue infinite virtù, dall'altra l'uomo, un essere senza fede, senza rispetto per nulla, un pazzo votato al suicidio, inventato apposta per distruggere il creato. L'uomo sarebbe quindi di indole intrinsecamente malvagia, così come malvagi sarebbero i suoi «istinti».

Ovviamente è una rappresentazione che non regge. L'uomo di fatto appartiene alla natura e al regno animale, di cui rappresenta la parte più evoluta, più sofisticata (o almeno così è per ora). Come abbiamo visto, dagli animali ha ereditato gran parte del proprio patrimonio cerebrale, a cui si è aggiunta la neocorteccia frontale. Questa marcia in più non è sempre una comodità, perché l'intelligenza neocorticale entra in conflitto con il sistema limbico secondo un processo e con finalità che solo ora stiamo iniziando a decifrare.

Prima di focalizzarsi sull'ambiente, la purezza dell'aria che respiriamo, la qualità del paesaggio o i rischi del nucleare, l'ecologia dovrebbe interessarsi anzitutto dell'inquinamento mentale e comportamentale.

Prima di agevolare l'uso della bicicletta nelle città, l'ecologia dovrebbe occuparsi di promuovere la libera circolazione del sorriso, dell'apertura agli altri, della compassione. Come costruire una città non attorno all'odio e alla chiusura in se stessi, ma all'amore? Come favorire gli scambi fra più giovani e meno giovani?

Diviene così indispensabile superare il tabù che pesa sul sogno e sull'utopia, lasciare che la mente riprenda a esprimersi senza costrizioni, smettere di elevare ciò che è «ragionevole» a dogma assoluto. Se un'azienda venisse gestita in modo «ragionevole», non tarderebbe molto ad andare in malora!

L'ecologia dovrebbe costituire uno stato mentale fatto d'amore per la vita, e quindi per la natura in ogni sua parte, umanità compresa, senza giudizi moralistici e con un duplice atteggiamento di fiducia e umiltà; fiducia e rispetto, perché ognuno di noi costituisce un'incredibile meraviglia cibernetica, fatta di miliardi di miliardi di componenti, tutti diversi eppure in armonia e in comunicazione con l'universo intero. Ma anche umiltà davanti alla strada che resta da coprire. L'odissea dell'uomo ricorda davvero l'avventura di Ulisse e tutte le prove che egli dovette affrontare per poter tornare a casa. Attraverso le avventure del suo eroe, Omero ha descritto in modo magistrale gli errori e i tormenti dell'umanità (spesso, in passato, si pensava di poter uguagliare gli dei; ma oggi il rischio di un simile «peccato» appare remoto, perché più spingiamo in là i nostri limiti, più ne diveniamo consapevoli: il campo della medicina ne offre un esempio lampante). E come lui, alla fine del viaggio ritroveremo il nostro regno d'Itaca e la nostra Penelope.

L'ecologia dovrebbe essere fatta di tolleranza e non di censura, di creatività entusiasta e serena anziché di paure, drammi e tabù. Il pensiero ecologista dovrebbe interessarsi anzitutto alla felicità. Non sarà il risparmio energetico a renderci felici, ma sarà invece lo sviluppo della felicità a ridurre la nostra bulimia di consumi, a contribuire a una migliore gestione mondiale delle risorse vitali.

Il problema di fondo delle nostre città è capire come far sì che un gran numero di persone diverse fra loro possa *vivere bene insieme.* Agli albori della città è l'istinto gregario a spingere gli umani a raggrupparsi come le api in un alveare, non solo per produrre meglio l'equivalente commerciale e industriale del miele, ma anche per proteggersi, per evitare la sensazione di solitudine e di isolamento. Ed ecco emergere qui un nuovo paradosso: il senso di solitudine, in origine un fenomeno sostanzialmente rurale, nelle nostre città sovrappopolate cresce a dismisura. Grazie a Internet si comunica con il mondo intero, eppure facciamo fatica a parlare con il vicino di pianerottolo...

Quando mai vedremo i responsabili politici, scientifici, universitari, economici, *ma soprattutto gli ecologisti*, riunirsi per discutere di questo tema?

Il Forum della felicità

Ecco un nuovo progetto che potrebbe rivelarsi appassionante: un forum internazionale fra tutti coloro che hanno lavorato o che lavorano oggi sul tema della felicità, sul piano scientifico, filosofico, economico o religioso, per tentare di far emergere quattro-cinque punti universali, validi per tutti, individui o gruppi, Stati o associazioni. Si potrebbero addirittura prospettare una fondazione della felicità per favorire lo sviluppo della ricerca, e una università della felicità per diffondere i risultati di tale lavoro.

Riepilogando

✓ Dalla sua nascita, il genere umano ha compiuto passi strabilianti, grazie all'energia, alla curiosità e all'intelligenza dell'uomo.
✓ Una delle sue invenzioni più belle è la democrazia: organizza i progressi, stimola la creazione e la distribuzione della ricchezza, dona la pace.
✓ Ma la democrazia presuppone il concorso di tutti. Dobbiamo permetterci di sognare, di continuare a immaginare un mondo migliore, senza per questo criticare il passato o il presente. Il progresso è questione d'amore e di entusiasmo, mentre alla critica si accompagnano la sterilità e la chiusura in se stessi.
✓ Ecco qualche progetto che potrebbe farci progredire verso la felicità: dar vita alla Federazione degli Stati Uniti del mondo, convocare il Forum della felicità e/o organizzare una fondazione della felicità.

17

A scuola di felicità

Il bambino vuole solo il piacere

Il bambino non nutre una particolare aspirazione alla felicità: ciò che vuole è il piacere. Esso corrisponde al nutrimento necessario ai primi due cervelli, rettiliano e limbico, che in quella fase della vita sono chiamati a un lavoro enorme: il fisico, guidato dal primo, si sviluppa qualitativamente e quantitativamente, e l'apprendimento avanza di pari passo grazie al secondo.

Un bambino non può essere «felice» nel senso visto in precedenza, ossia nella piena coscienza dell'espressione del suo essere profondo. Un bambino non conosce ancora il proprio essere profondo, anzi, non sa nemmeno che cosa sia. Lo capirà a poco a poco, scoprendo i suoi spazi di libertà e le sue capacità creative.

È con l'adolescenza che la neocorteccia tenta di assumere il potere. *Lo sviluppo del proprio sé autentico è, nell'adolescente, fonte di grandi sofferenze*; è il risultato del conflitto fra i condizionamenti inculcati dall'educazione e la riflessione personale e intelligente che comincia a esprimersi. Il bambino fa di tutto per assomigliare ai modelli che si è scelto; il giovane adulto, invece, inizia ad accettare di «essere solo se stesso».

Quando l'adolescente si ribella contro i genitori e contro

la società, in realtà sta cercando di rimettere in discussione i programmi di comportamento che, provvisoriamente, qualcun altro gli ha installato nel cervello limbico. C'è un tempo per tutto. La crisalide deve trasformarsi in farfalla... e rischia di essere un'operazione dolorosa.

Insegnamo la felicità ai bambini

Come genitori o educatori possiamo agevolare il passaggio dalla ricerca del piacere rettiliano e limbico, tipica dell'infanzia, alla spinta verso la felicità neocorticale, propria dell'adolescente?

Certamente!

Ai bambini si può insegnare la felicità esattamente come la storia, o la fisica, o la biologia: spiegando come funziona (varrebbe comunque la pena di tentare, una volta che le tesi sviluppate in questo libro venissero accettate dalla comunità scientifica internazionale ed emergesse un consenso attorno al meccanismo della felicità!). Noi possiamo preparare i bambini a riconoscere le varie fasi che si susseguono nel corso dell'esistenza, a capire le sofferenze fisiche in cui si imbatteranno inevitabilmente e ad affrontarle al meglio. Capire permette di limitare la paura e quindi di attenuare il dolore.

I condizionamenti biodegradabili

L'educazione del bambino si regge al tempo stesso sulla trasmissione di informazioni e sul radicarsi di programmi di comportamento, credenze e condizionamenti che svolgeranno il ruolo di «tutori» di questa giovane pianta in fase di crescita. A questi bisogna prestare la massima attenzione, poiché possono favorire la felicità o, al contrario, interdirne in seguito il conseguimento.

Quando si pianta un albero, per permettergli di resistere al vento gli si colloca accanto un solido tutore, al quale viene assicurato con lacci resistenti ma non troppo stretti. È necessario infatti che dopo qualche tempo possano sciogliersi, altrimenti la pianta non si sviluppa e muore stritolata.

Analogamente, certi condizionamenti possono impedire nel bambino lo sviluppo dell'essere profondo. Se per esempio gli dite: «Questa è *la verità*. Non dimenticartene mai e non fare mai niente se non te lo dico io», una volta divenuto adulto, soprattutto se vi ama e vi ammira non riuscirà facilmente a disfare i «nodi» di questo condizionamento.

Se invece gli dite, secondo l'insegnamento del Buddha: «Ecco la *mia verità*. Te la insegno perché il mio ruolo è questo. Non so se sia la sola, ma non ne conosco altre che siano migliori. E allora, per il momento, ascoltami, segui questa regola e, a suo tempo, quando avrai l'età per poter decidere, stabilirai tu quale sarà la *tua verità* e ti dimenticherai di questa». Sono quelli che chiamo condizionamenti «biodegradabili», che si dissolvono col tempo e predispongono l'individuo a costruirsi, a suo tempo, la propria filosofia.

Educare bene un bambino è nutrire il suo cervello limbico con programmi «buoni», che lascino sempre la possibilità di essere rimessi in discussione in un secondo momento, con un ragionamento autonomo.

> A Elisa, sui banchi di scuola, avevano detto che la Terra aveva tre miliardi di anni, così quando in seguito scoprì che non era vero, ne fu sconcertata.

La vera età del nostro pianeta non è ancora oggi un dato totalmente certo. Negli anni Cinquanta è stata stimata attorno ai tre miliardi e mezzo di anni, ma da allora la scienza e le tecnologie hanno compiuto progressi considerevoli e attualmente si colloca verso i cinque. E probabilmente non si tratta ancora della risposta definitiva.

Se a Elisa fossero state spiegate le dinamiche dell'avventura scientifica, e il fatto che le conoscenze non sono immutabili, ma sempre rimesse in discussione da nuove scoperte, di certo avrebbe accettato la notizia come una conseguenza dell'evolvere del sapere, anziché viverla come un tradimento del sistema scolastico!

Trasmettere il sapere o la passione?

La scuola è il vero garante della libertà individuale, che inizia dalla libertà di pensiero. È grazie all'educazione alla valutazione critica che è possibile discernere fra un argomentazione scientifica e una propaganda.

È forse la più bella istituzione delle nostre democrazie.

- Stimola l'istinto della scoperta e spinge l'individuo sempre più lontano sulla via verso il suo essere profondo e il senso della vita.
- Sviluppa l'autonomia e la libertà.

Personalmente, sono ben contento di avere studiato il latino, ma questo è stato solo grazie a un ottimo insegnante, il professor Savinel, che ci faceva veramente gustare la sua materia perché lui ne era entusiasta; non «insegnava», trasmetteva. Ci faceva cantare in latino. Esso diveniva così una lingua viva, il passato diveniva presente. All'ultimo anno di liceo, scegliemmo tutti latino, che era facoltativo, tanto ci eravamo appassionati. E ci iscrivemmo anche all'Association Guillaume Budé per la difesa della lingua francese, per piacere nostro e per dare una soddisfazione a Savinel. Nulla di ciò aveva a che fare con la maturità incombente, non c'erano ragioni di opportunità, eppure per noi era divenuto importantissimo. Tutti abbiamo avuto docenti così, che hanno segnato la nostra esistenza con la passione, anzi con il piacere di insegnare liberamente una materia che loro per primi amavano infinitamente. Il professor Gauthier (matematica) mi ha trasmesso l'amore per il rigore e l'analisi e mi ha insegnato:

Le tre regole fondamentali della matematica

1. Leggere l'enunciato.
2. Leggere l'enunciato, e...
3. Leggere l'enunciato!

Quiz di logica

Ecco ora, come esempio, ma anche come regalo per gli appassionati, un esercizio di logica, in apparenza semplice (ma non fidatevi...) e non molto conosciuto. È stato mio zio materno, Robert Lemonnier, a propormelo quando avevo tredici o quattordici anni. Avevo già la passione per la matematica e lui mi ha messo alla prova.

Mi rivelò che aveva impiegato parecchio tempo a trovare la soluzione, e che uno studente del Politecnico l'aveva risolto in venti minuti. Io, prima di dargli una risposta ci ho messo quindici giorni... Vi dico questo per aiutarvi, per evitarvi di cadere in una trappola frequentissima a proposito della risoluzione di problemi, che io chiamo «sindrome del windsurf».

Quarant'anni fa, ancora studente, mi cimentai con quel nuovo sport. Ero convinto che sarebbe stato un gioco da ragazzi, visto che facevo già sci nautico e vela! Invece, la tavola ebbe la meglio. Così mollai. Solo un anno dopo, quando un amico mi spiegò quanto fosse complesso il windsurf, specie se non c'è vento e il mare è mosso, mi decisi a rivolgermi a un istruttore, riuscendo così a superare un ostacolo divenuto tale soltanto perché l'avevo preso sottogamba!

Ma ora basta lasciarvi nell'attesa, ecco il problema.

Avete in mano dodici biglie tutte dello stesso peso, tranne una. Avete a disposizione la classica bilancia a due piatti (senza pesi) e per scoprire la biglia diversa dalle altre potete fare in tutto tre pesate.

Bene, ora tocca a voi.
(Troverete la soluzione alla fine del libro).

Abbiamo troppo spesso la tendenza a dimenticare che la matematica non è solo matematica, che il latino non è solo latino, che le lingue non sono solo lingue. Al di là delle materie scientifiche o letterarie, ciò che noi apprendiamo è il passato dell'umanità, ossia la testimonianza tramandataci dai nostri avi per consentirci di continuare a scoprire questo fantastico mondo che è il nostro, interiore ed esterno, umano e animale, visibile e invisibile.

Le tre regole del professor Gauthier, per esempio, sono un piccolo capolavoro. Possono aiutarci a evitare tante trappole sia nel lavoro (quante volte si è troppo precipitosi a scegliere una soluzione senza avere analizzato il problema abbastanza a fondo?), sia nel privato (nella valutazione di problemi affettivi o spirituali, psicologici o medici, filosofici o politici).

Per una nuova scuola

La scuola è oggetto di tanti dibattiti diversi, ma raramente viene posto il problema della sua missione, come se fosse già ovvia. Non lo è affatto. E il nuovo approccio che vi ho proposto al tema della felicità può gettare una nuova luce anche su tale questione: che si investa nella scuola per favorire la conoscenza o l'inserimento sociale, la cultura generale o l'apprendimento di un mestiere, sopra la porta degli istituti scolastici dovrebbe figurare il motto socratico *Conosci te stesso* o, meglio ancora: *Impara a essere felice*.

Per svolgere la sua missione, la scuola della felicità dovrebbe compiere alcuni fondamentali trasformazioni.

Finalità

Il bambino deve essere formato a *scoprire e apprezzare ciò che lui è davvero*; occorre rafforzare ancora più il suo amore per la vita e la voglia di partecipazione.

Il valore principale da propugnare è la *realizzazione personale*, piuttosto che lo spirito di competizione, che va considerato e utilizzato come un mero strumento didattico da utilizzare in una fase di transizione.

Bisogna mirare a sviluppare nel piccolo *la fiducia nella vita e la capacità di rispondere alle sollecitazioni* intellettuali, culturali, fisiche, anziché limitarsi soltanto a fornire un dato livello di competenze teoriche e tecniche.

Insegnamenti

La scuola deve insegnare in maniera *diversificata e completa*: matematica ma anche sociologia; geografia ma anche cucina; re e imperatori ma anche Confucio, Gesù o Gandhi.

Deve inoltre saper dare le *basi della sopravvivenza nella società*: i fondamentali di igiene e medicina (cultura fisica, dietetica e istinto alimentare, nozioni mediche), psicologia, gestione economica (contabilità di base, economia, finanza), diritto (civile, penale, commerciale, diritto del lavoro).

Nozioni di base di *medicina* e *igiene*, ma anche di pronto soccorso, permetteranno ai nostri giovani di cavarsela in caso di bisogno. Con un minimo di insegnamenti teorici e di esercitazioni pratiche, in breve ne sapranno più loro di tutta la famiglia messa insieme!

La *psicologia* e in particolare la *psicofisiologia* (in soldoni, il contenuto di questo libro) permetteranno loro di interpretare gli atteggiamenti di genitori e amici, ma anche le loro stesse reazioni e il loro evolvere.

La conoscenza della *gestione economica* è indispensabile per saper mandare avanti l'azienda-famiglia tanto quanto per capire un bilancio di società, o per interpretare i conti pubblici. Le basi del *diritto* sono altrettanto indispensabili per un inserimento sociale adeguato. Faccio veramente fatica a capire perché vengano insegnate la riproduzione delle lumache o la geometria solida, ma non queste nozioni così fondamentali per vivere serenamente nel consorzio sociale!

Apertura sul mondo professionale

Almeno un terzo della durata degli studi dovrà essere dedicata a *incontri con uomini e mestieri.*

Questi incontri permetteranno ai bambini di comprendere il concetto di «lavoro», l'impegno e i sacrifici che richiede, ma anche le gioie e le opportunità che offre. E a capire che lo stesso gesto può essere compiuto con uno spirito diverso, come nel celebre aforisma dei muratori, il muro e la cattedrale.

> Un giorno, un uomo che stava facendo una passeggiata, scorgendo tre uomini in un cantiere chiese: «Che cosa state

facendo?» Il primo rispose, svogliato: «Bah, mi guadagno da vivere accatastando queste le pietre»; il secondo, più convinto: «Costruisco un muro, è il mio mestiere». Ma il terzo esclamò, felice: «Io? Tiro su una cattedrale!»

I bambini scopriranno così le molteplici situazioni legate al lavoro, a seconda che si svolga un'attività che piace oppure no, a seconda del management dell'azienda, a seconda della zona in cui si lavora, del settore eccetera. In età infantile non si è in grado di sapere quale lavoro piacerebbe fare, specie se nessuno parla mai degli innumerevoli mestieri che esistono.

Dedicare un terzo della scuola a scoprire la varietà e i contenuti dei diversi mestieri d'oggi mediante simulazioni, filmati, brani teatrali, colloqui, conferenze, non è certo tempo perso. A poco a poco, nel bambino si sviluppano impressioni, aspirazioni, occasioni di discutere con gli insegnanti, con i compagni o con i genitori, con chi gli sta intorno, ma anche la sensazione di far parte di una società e, progressivamente, un senso di responsabilità in tal senso. In questo modo, gli alunni vedranno disegnarsi sotto i loro occhi le grandi categorie professionali e saranno motivati ad approfondire le materie per le quali scopriranno di nutrire un interesse particolare.

Senza necessariamente «insegnare un mestiere» ai bambini, la scuola potrà così assolvere al proprio compito di aprire la mente e di informare, in modo che ognuno possa in seguito scegliersi un settore di lavoro.

Metodi pedagogici

Occorre individuare le tecniche pedagogiche che permetteranno a ciascun alunno di seguire la propria curiosità. Infondiamo il gusto per la lettura incitando i bambini a dedicare del tempo a libri scelti da loro, e non solo a compiti e lezioni.

Le persone sono una risorsa, e allora dedichiamoci a sviluppare la ricchezza personale dei nostri bambini per aumentare il loro personale valore aggiunto, anziché considerarli alla stregua di robot da caricare di programmi. In un singolo, un'azienda ricerca anzitutto delle qualità umane: spirito d'iniziativa, senso del gruppo, capacità d'impegno, solidarietà, creatività, coraggio, solarità, fiducia eccetera. Ma quanto tempo, quante energie dedichiamo davvero a sviluppare queste capacità nei nostri piccoli?

Da tempo – e in più Paesi – sono in corso esperimenti di scuole diverse o innovative. Tracciamone un bilancio obiettivo e avviamo nuove sperimentazioni, dopo avere stabilito con maggior chiarezza quale debba essere la missione della scuola.

Riepilogando

- ✓ Uno dei propositi di questo libro è dimostrare che la felicità è un obiettivo legittimo e alla portata di tutti. La felicità non è un fine in sé, ma un mezzo per esprimere il proprio essere profondo e contribuire così al progredire del sapere e al senso dell'esistenza umana.
- ✓ La scuola è un luogo privilegiato per insegnare questi nuovi valori e va quindi ridefinita negli obiettivi e nei programmi.
- ✓ Un bambino non può essere felice perché la sua età non gli consente ancora di esprimere il suo essere profondo, tuttavia può comprendere le dinamiche e la finalità della felicità, come quelle del piacere, e abituarsi a distinguerle.
- ✓ Con le nostre attuali conoscenze, la scuola potrebbe divenire un autentico vivaio di persone felici.

18

La felicità al servizio dell'economia

Ho scoperto la mia passione per la gestione aziendale all'Institut d'Administration des Entreprises di Lione che ho frequentato nel 1970, dopo gli studi di farmacia.

Per me è stato come nascere una seconda volta. In un anno di corsi estremamente intensivi ho iniziato a capire il mondo in cui vivevo: l'economia, il diritto, la psicologia, la politica, la finanza, la statistica, l'informatica, il marketing, le dinamiche della società. Colpo su colpo, tutto ci veniva svelato. È stato un momento davvero esaltante.

Ecco, sono questi i corsi che vorrei vedere impartiti sui banchi di scuola, perché ci trasformano da spettatori ignoranti di un mondo incomprensibile in attori consapevoli e coinvolti, o coinvolgibili. Per giunta, danno un senso alle nozioni acquisite a scuola. Matematica, fisica, storia, lingue, scienze, geografia, filosofia trovano la loro applicazione nell'economia politica, nella comunicazione eccetera.

Quegli studi a Lione sono stati per me la rivelazione del mio grande interesse per la sociologia e il management, e mi hanno iniziato ai meccanismi più interni di un'azienda. Ho avuto però anche un'altra fortuna, in quel periodo, quella di poter lavorare part-time nell'impresa di famiglia.

I Laboratoires Boiron

I Laboratoires Boiron sono stati fondati nel 1932 da mio padre e da mio zio. Fratelli gemelli, laureati in scienze, medaglia d'oro e d'argento della facoltà di Farmacia di Nancy, si sono battuti con passione per far uscire l'omeopatia da una ristretta cerchia esoterica e conferirle legittimità e rispettabilità grazie all'attività di ricerca scientifica che, in collaborazione con l'università, non hanno mai smesso di svolgere. In base a tale attività, l'omeopatia nel 1965 è entrata ufficialmente a far parte della farmacopea francese, poi europea; oggi risulta recepita e regolamentata in quasi tutti i Paesi del mondo.

Del luogo di lavoro, come ho detto in precedenza, mi appassionava tutto; ma quello che letteralmente mi affascinava era motivare le persone. Già all'epoca ero convinto che ciò costituisse la chiave di volta di tutti i problemi. Il clima sociale europeo dell'epoca era improntato allo scontro, l'immagine dell'azienda nell'opinione pubblica era alquanto negativa e io volevo contribuire a correggerla. Era necessario ripristinare un clima di fiducia e radicare un consenso sociale. Ero pieno di idee ed ero impaziente di sperimentarle.

L'impresa di famiglia andava bene; contando all'epoca circa trecento dipendenti non era né troppo grande, né troppo piccola, e mi permetteva di applicare tutte le riforme che avevo immaginato.

Grazie a un progetto d'impresa più chiaro e trasparente siamo riusciti a ridurre tensioni e scontri che non portavano a nulla. Il rendimento collettivo non è mai più stato contrapposto alla realizzazione individuale.

Grazie a una formazione del personale in materia di gestione, il profitto non è stato mai più sinonimo di «sfruttamento della massa dei lavoratori». Invece è stato vissuto come la chiave di volta per la sopravvivenza e per l'espansione dell'azienda. Abbiamo firmato numerosi accordi sociali su aspetti come il part-time, la flessibilità dell'orario di lavoro, gli orari elastici, la possibilità di partecipare al capitale dell'azienda, il sostegno alla creazione di attività in proprio, la preparazione al pensionamento, l'indicizzazione delle retribuzioni in base agli aumenti di produttività eccetera.

Ho spinto il mio «egoismo» sino a fare di questa azienda il mio nido in cui vivere con piacere. Sono partito dal principio che, se avessi avuto io stesso piacere a trascorrervi gran parte del tempo, probabilmente anche ogni nostro dipendente avrebbe provato una sensazione di benessere. È stato anche in quest'ottica che ho disposto la creazione di una nuova funzione: la «padrona di casa». Visto che l'azienda è in primis un luogo in cui vivono delle persone, cioè una dimora, questa figura ha il compito di facilitare la vita ai dipendenti e ai visitatori grazie alle cure che sono appannaggio, appunto, di una padrona di casa (segnaletica, spazio mensa, decorazione, partecipazione alla vita collettiva, prenotazione delle sale, accoglienza dei visitatori e, soprattutto, il *sorriso*...)

Nel frattempo, ho passato il testimone della direzione del gruppo a mio fratello minore Thierry (più giovane di me di quattordici anni), che opera con immenso talento, un enorme coraggio e in piena armonia con le idee che ho avuto modo di sviluppare in trentacinque anni. Confesso di sentirmi toccato dalla complicità, dall'affetto e dall'ammirazione che ci legano.

Avere è la condizione per essere

Lo sviluppo economico è un passaggio obbligato per la felicità. È grazie allo sviluppo della ricchezza che il genere umano è riuscito a organizzarsi in democrazie, investire nelle scienze, far retrocedere la barbarie, allontanare la miseria, istituire la scuola, scoprire prima la stampa e poi Internet, lottare contro i totalitarismi e i razzismi di ogni segno. Lo sviluppo della ricchezza individuale e collettiva è *conditio sine qua non* per l'emancipazione di uomini e popoli, per la libera circolazione del sapere, per avere del tempo libero da dedicare ai progetti personali. E la solidità economica è indispensabile per far andare in porto anche i progetti più generosi.

Avere è la condizione per essere. Senza beni non vi è libertà intellettuale né cultura, presupposti della felicità.

I Paesi poveri sono spesso preda del totalitarismo e della restrizione delle libertà individuali, in special modo delle donne. Con il suo diffondersi, la ricchezza porta immediatamente comunicazione, informazione, apertura al mondo, democrazia, etica. Un giorno in cui stavo tenendo banco con disquisizioni filosofiche in presenza di invitati del mondo della finanza, un amico bancario mi redarguì cortesemente: «Caro mio, è facile fare il filosofo, con un cash flow di quaranta milioni!» Lì per lì quel commento mi irritò, ma non l'ho certo dimenticato... e oggi lo reputo estremamente pertinente.

Non vi è democrazia senza libertà, non vi è libertà senza ricchezza, non vi è ricchezza senza libertà d'impresa, e senza libertà e ricchezza non vi è etica.

La globalizzazione dell'economia e della comunicazione – un fenomeno che va certamente regolamentato, ma è proprio in questa direzione che si sta andando – è il miglior modo per propagare la felicità. Il dinamismo economico è alla base di quasi tutti i progressi compiuti dall'umanità. In ogni ambito.

Naturalmente la sete di ricchezza può rappresentare ugualmente una fonte di infelicità: se diviene un fine in sé, se diventa mera ricerca del massimo piacere, rinsalda il sistema limbico nel suo errare e inibisce l'esprimersi dell'essere profondo.

Ma se l'arricchimento permette invece di dedicare più tempo e più mezzi a vivere pienamente, a meditare, a leggere, a studiare, ad aprirsi a se stessi, agli altri e alla natura, a sviluppare il proprio potenziale creativo, ecco che la ricchezza diviene la chiave della felicità. Nostra e altrui.

Non dimentichiamo che se possiamo stare qui a discutere sui fondamenti della felicità, è perché migliaia d'anni di fatiche e di produzione di ricchezza hanno consentito all'umanità di raggiungere oggi un livello di pace, salute, organizzazione e conoscenza che ci permetterà, finalmente, di risolvere le nostre difficoltà più gravi.

Uomini al servizio di uomini

Vi è impresa nel momento stesso in cui una o più persone si mettono al lavoro per realizzare un progetto, che si tratti di una spedizione sull'Everest, dello sviluppo dell'omeopatia, della creazione di un nuovo partito politico eccetera.

Spesso si tende a contrapporre economia e generosità, così come si tende a contrapporre il mondo delle aziende e quello delle ONLUS. E io mi sono sempre chiesto quanto sia fondata questa distinzione, dato che sia l'impresa, sia l'associazione mirano ad aggregare persone interessate a promuovere una causa o, semplicemente, rispondere a un bisogno della società. In ambedue i casi ci vogliono soldi, uomini, capitali. Occorre una gestione sana, un equilibrio fra entrate e uscite. Ma il punto focale è il *progetto*, riassumibile sempre negli stessi termini: uomini al servizio di uomini.

Con un po' di buona volontà, in ogni impresa possiamo individuare un progetto degno della stima e dell'ammirazione di tutti. Spetta ai dirigenti il compito di formularlo, esaltarlo e guadagnargli consensi.

Senza un progetto non c'è vera impresa, poiché è attraverso il progetto che essa si esprime, proprio come l'uomo che realizza se stesso.

In un'impresa, sono i progetti che consentono alle dirigenze di prendere decisioni coerenti davanti a problemi e opportunità. È la stella polare che indica la direzione quando si esita sulla strada da seguire.

Spesso vi è confusione fra mestiere e progetto: il mestiere è il know-how dell'impresa, ma è il progetto a proiettarla in avanti, a trascenderla. Il mestiere è tecnica, il progetto è filosofia.

Personalmente non potrei mai dirigere un'impresa senza conoscerne il progetto, che qualche volta neanche esiste. Sin da quando sono entrato nell'azienda di famiglia mi sono posto il problema di individuare il suo progetto e di tentare di formularlo. Ci ho messo nove anni e non è stato facile come si potrebbe credere. Il progetto deve essere al di là di ogni obiettivo personale, deve essere in grado di unire fra di loro dipendenti e azionisti, fornitori e clienti, senza dimenticare le pubbliche autorità; deve mettere in sintonia passato, presente e futuro dell'impresa. Deve andare oltre le mode e le crisi. È il filo conduttore dell'impresa.

Il rischio degli obiettivi

Da molto tempo, e spesso ancora oggi, le imprese sono animate dalla logica degli obiettivi. Che riguardino i risultati, la redditività, la produttività o il fatturato, gli obiettivi sono il segno di una gestione «virile» perché «militare».

Tuttavia essi presentano gravi inconvenienti perché sono di natura limbica: non mobilitano l'intelligenza ma la stupidità, cioè la parte animale dell'uomo.

Prefiggendosi obiettivi troppo ambiziosi, solitamente si finisce per non realizzarli, e a quel punto diventano spesso una fonte di sensi di colpa, di delusione e di perdita di fiducia.

Se, al contrario, gli obiettivi sono troppo bassi, non giocano il ruolo che è stato assegnato loro!

Voglio imparare l'inglese in tre mesi.
Voglio perdere cinque chili in un mese.
Raddoppierò il mio fatturato.
Voglio approfittare delle vacanze per leggere tutti i libri arretrati.
Batterò la concorrenza.
Voglio smetterla di urlare con i miei dipendenti o i miei figli...

Tutti questi obiettivi, tutti questi buoni propositi, sono trappole limbiche.

Se ci si ostina a voler fare più di quanto sia materialmente possibile, se non ci si dota dei mezzi necessari, si finisce per coltivare l'infelicità anziché la felicità.

Oggi, dopo quindici anni di riflessioni e di esperimenti, mi chiedo davvero se prefiggersi degli obiettivi abbia una qualsiasi utilità!

In azienda, ma anche nella vita privata, mi sforzo sempre di sostituire alla nozione di «obiettivi» quella di «progetto». Il progetto è un orientamento, un'idea, una volontà, un'impresa, in tutti i sensi.

Progetto di attraversare l'Atlantico in barca.
Progetto di scrivere un libro sulla felicità.
Progetto di mettere al mondo dei figli.
Progetto di immettere sul mercato un farmaco contro le cardiopatie o contro il cancro.
Progetto di migliorare la redditività dell'azienda per poter investire in India, e così via.

A prima vista, si potrebbe ritenere che fra un progetto e un obiettivo non vi sia alcuna differenza. Nel linguaggio corrente, spesso i due termini sono impiegati per designare la stessa nozione. E invece...

Un progetto esprime una volontà profonda a livello individuale o collettivo. In questo senso favorisce lo sviluppo della felicità.

Un progetto è flessibile, è evolutivo, si adatta permanentemente a contesti e realtà. Un progetto è un orientamento che guida la vita, permettendo di fare ogni giorno delle scelte intelligenti. Un progetto è neocorticale.

L'obiettivo, invece, è limbico. Parte dal principio secondo cui un essere umano è naturalmente debole e pigro se non viene spronato. Ciò è al contempo vero e falso: è vero perché non si induce nessuno a fare qualcosa contro la sua volontà, a meno di costringerlo o dargli una forte motivazione. È falso perché l'adesione volontaria a un progetto condiviso dà un'energia incommensurabile e comunque ben superiore.

DIFFERENZE TRA PROGETTO E OBIETTIVO

Obiettivo	**Progetto**
Tensione/Rigidezza	Flessibilità/ Adattabilità
Nasce spesso da un senso di colpa.	Scaturisce generalmente da un profondo bisogno esistenziale.
Acuisce di solito la sensazione generale di colpevolezza davanti al fallimento che, quasi invariabilmente, comporta.	Favorisce la felicità perché agevola l'espressione creativa della propria personalità.
Risponde alla parte animale dell'uomo.	Risponde alla parte umana dell'uomo.
Si regge su una visione svilente delle capacità dell'individuo.	Si regge sulla fiducia nell'uomo e nella vita.

L’azienda neocorticale

Per far fronte a una concorrenza mondiale sempre più incontenibile, è necessario mobilitare tutte le risorse dell’impresa. E la risorsa più importante è l’essere umano. È a questo livello che un’azienda può distinguersi davvero. I titolari devono perseguire la felicità dei loro collaboratori non per filantropia, ma per una ragione molto pragmatica: trarre il massimo beneficio dalle potenzialità di ognuno.

Un’azienda di tal fatta è ciò che io chiamo «impresa neocorticale». In essa, la produttività viene ottenuta grazie alla partecipazione *creativa* di tutti, a sua volta alimentata e motivata da rispetto, fiducia, informazione, concertazione, partecipazione alle decisioni, adesione al progetto di impresa. Il sistema del bastone e della carota, in altre parole un management basato sullo stress, è superato. E si rivolge al sistema limbico, ossia alla parte più elementare dell’intelligenza.

Il più formidabile serbatoio di intelligenza e sensibilità che si possa immaginare ha sede invece nella neocorteccia e le chiavi per mobilitare questi due differenti cervelli sono del tutto diverse. Per sfruttare il potenziale limbico (obbedire, copiare, vincere, superare...) si ricorre allo stress, alla paura, alla coercizione, alle ricompense, alle onorificenze. Per mobilitare la neocorteccia (creare, amare, unire) si fa invece leva sul progetto, sulla considerazione, la coerenza, l’armonia, la calma, la trasparenza, l’autenticità, la chiarezza delle regole del gioco, la competenza, la modestia, la fiducia in sé e negli altri. È veramente un altro pianeta!

L’impresa neocorticale *incoraggia i dipendenti a crescere e a realizzarsi* anche al di fuori dell’organizzazione e anche a rischio di perderli. Favorisce l’impegno dei suoi addetti in campi come l’arte o l’associazionismo, lascia libera scelta per quanto riguarda il tempo pieno e il tempo parziale, l’orario flessibile, il pensionamento, l'aspettativa, il trasferimento dei giorni di ferie da un anno all'altro eccetera.

Questa azienda non mira a espandersi a ogni costo, a divenire più grande o più forte di un'altra (istinto limbico di tipo gregario), ma *punta sostanzialmente a essere in coerenza con il proprio progetto*, la propria storia, la propria cultura, il proprio ambiente; tenta di inventarsi ogni giorno il futuro qui e ora, attingendo energie per il proprio sviluppo dalla felicità di clienti, dipendenti, azionisti, fornitori. E il titolare è come un direttore d'orchestra, al quale è affidato il compito di far sì che ogni componente, interno o esterno, suoni armoniosamente il proprio spartito. Tanto che, nei Laboratoires Boiron, la formazione dei responsabili di squadra è affidata a un vero maestro del podio, il lionese Philippe Fournier.

L'impresa neocorticale, infine, *pone il marketing al servizio del proprio progetto*, non il proprio progetto al servizio del marketing; *pone le finanze al servizio del proprio progetto*, e non il contrario.

Vincitore-vincitore

Il 13 giugno 1979 nei Laboratoires Boiron è stato firmato un importante accordo tra le parti che ha modificato in toto l'atmosfera in azienda. Abbiamo definito una formula piuttosto semplice per calcolare ogni anno l'aumento delle retribuzioni e/o la riduzione dell'orario di lavoro in base all'incremento di produttività registrato l'anno precedente. Secondo tale accordo, il potere d'acquisto veniva mantenuto se l'azienda aveva realizzato almeno il 4% in più. Al di là di questo minimo, indispensabile alla sopravvivenza dell'impresa, l'aumento della produttività veniva ripartito in due parti uguali: una metà all'azienda sotto forma di dividendo agli

segue

azionisti e per consentire ulteriori investimenti, l'altra metà ai dipendenti sotto forma di retribuzioni o di riduzione dell'orario di lavoro (nel calcolo sono naturalmente conteggiati sia le variazioni decise dallo Stato, sia quelle previste dal nostro contratto collettivo. Con il nostro accordo, in questo modo, siamo riusciti a finanziare sia la quinta settimana di ferie, sia la settimana lavorativa di trentacinque ore).

Questa formula è stata ritoccata più volte per tener conto dell'evolvere del contesto, ma il principio resta intatto. Lo spirito che informa l'accordo è la trasparenza, la volontà di definire regole del gioco che tutti possano capire. È stato questo uno dei pilastri della fiducia sulla quale siamo riusciti a costruire numerose innovazioni sociali, a beneficio dell'azienda ma anche dei dipendenti, in un rapporto reciprocamente vantaggioso.

È fondamentale che tutti sappiano esattamente come si distribuiscono i frutti dell'espansione; azionisti e dipendenti devono ricevere una parte, equa e concertata, degli utili. È necessario rinsaldare un clima di pace e di fiducia fra queste due categorie che, in ogni progetto, si trovano necessariamente legate fra loro. A tal punto che, sempre più spesso, i dipendenti sono anche azionisti!

L'arte al servizio della creatività

Quando si parla di espressione artistica si intende, naturalmente, la creatività e l'originalità che accompagnano la manifestazione del proprio essere profondo, come abbiamo già visto nel capitolo 11. Sono rimasto entusiasta del museo Guggenheim di Bilbao, «scolpito» dall'architetto statunitense Frank Gehry. Ho utilizzato volutamente questo verbo perché egli stesso ha spiegato molto bene, nelle interviste che ha rilasciato, che l'opera è partita come una scultura, e che ha poi chiesto alla sua équipe se fosse in grado di installare un museo al suo interno. La risposta è stata «sì», e con lo strabiliante successo che tutti conosciamo. A mio avviso, quello è stato il segno di una vera e propria svolta non solo in architettura, ma anche nel nostro rapporto con il lavoro e nel modo in cui concepiamo la razionalità.

Anche Renzo Piano e il giovane architetto-scultore sudafricano Shaun Killa producono opere d'arte ancora prima che edifici da utilizzare. Per rendersene conto, basta ammirare del primo il centro culturale Jean-Marie Tjibaou a Nouméa, in Nuova Caledonia, o le torri a forma di vela del secondo, progettate per essere un edificio eolico, realizzate e costruite in Bahrain.

Progressivamente l'arte si porta sempre più al centro di ogni attività umana, personale o professionale. È la creatività al servizio del «bello» e non soltanto della funzionalità. Anzi, si comincia a capire che ciò che è bello e ciò che è giusto vanno di pari passo. Nei tre esempi citati, gli artisti hanno trovato in se stessi l'ispirazione creativa al servizio della loro missione.

Il designer costituisce una figura sempre più importante per il buon rendimento delle imprese. E il design non si esaurisce nella realizzazione di un bell'oggetto! Deve riuscire a fondere la ragione di esistere di un determinato prodotto con l'estetica. Quando questo obiettivo viene raggiunto, i risultati commerciali sono sempre ottimi, come avviene nel campo dei telefoni cellulari, delle autovetture o degli elettrodomestici.

La bellezza è legata all'autenticità, alla completa espressione di sé, e ciò vale per le persone non meno che per le cose: chi è autentico è facilmente ritenuto «bello»; perché è carismatico, perché risplende.

Artistico, autentico, estetico, etico... Tutte queste nozioni sono oggi in corso di ridefinizione, ma è ormai chiaro fino a che punto siano legate le une alle altre, tanto che, per me, l'uso di un termine presuppone anche il significato degli altri.

L'espressione autentica è, per sua natura, creativa. Il fatto di essere se stessi incita a elaborare il proprio ambiente, a costruire la propria vita in funzione delle proprie aspirazioni profonde e della propria sensibilità.

Lo stato di felicità potenzia la naturale creatività dell'uomo. È sostanzialmente un prodotto della neocorteccia. Il cervello limbico mira a operare nell'ambito dei riferimenti esistenti. La neocorteccia, invece, i riferimenti se li crea! Un'impresa neocorticale sforna costantemente soluzioni immaginative dinanzi ai problemi e alle opportunità che individua.

L'arte diviene uno strumento al servizio della crescita personale e del progresso economico.

L'impresa neocorticale dà al proprio personale occasioni di scoprire e rafforzare il potenziale creativo individuale, che non ha limiti noti.

Negli ultimi vent'anni, abbiamo accompagnato oltre ottocento addetti della nostra impresa alla scoperta della propria «creatività artistica», mediante opportuni stage della durata di due giorni. E andiamo avanti. Non è per il piacere dei nostri dipendenti, ma per la loro felicità! In un gruppo, il piacere individuale non serve granché. Ma la felicità di ognuno, invece, si irradia a tutti, trasformandosi in valore aggiunto. Una volta ripresa la sua normale mansione, il lavoratore scopre di avere, proprio in essa, uno spazio di creatività.

La capacità artistica o creativa è sempre presente e a disposizione in ognuno di noi, sempre pronta a esprimersi. Basta soltanto demolire i condizionamenti che la intrappolano. Con il loro progressivo venir meno, la fantasia creativa prende a esprimersi in modo straordinario.

La «competenza artistica» (naturalmente non una competenza tecnica, ma piuttosto una sensibilità che si impara a esprimere o a far esprimere) nelle aziende sarà sempre più ricercata e apprezzata; e i nostri figli devono imparare a esprimerla e a coltivarla fin da piccoli. La pratica delle arti sta per assurgere a modello di comportamento destinato a sviluppare la produttività e l'innovazione a tutti i livelli dell'impresa. Ben presto potremmo assistere alla nascita di una nuova funzione: quella di «responsabile artistico», che non avrà il compito di assistere l'azienda nell'acquisto di opere d'arte, ma di far sì che vengano favoriti i comportamenti autentici a tutto campo. La sua missione non sarà *fare*, ma *aiutare a fare* o, meglio, *aiutare a essere*.

Greg e Patch

Gregorio Mancino, pittore esuberante e uomo di cuore, con un gruppo di amici e con l'aiuto dei bambini ricoverati alla clinica Macedonio Melloni di Milano ha decorato i muri un po' tristi dell'ospedale per creare un'atmosfera «magica» e rassicurante. Immaginatevi mille metri quadri di pareti con animali selvatici, oasi eccetera.* L'idea è nata grazie all'artista e al professor Moro, primario del reparto di neonatologia. Il tutto con enorme entusiasmo, buonumore e un investimento irrisorio.

Greg ha messo in atto la stessa operazione anche in seno alla nostra azienda, anzitutto nella sede italiana, a Segrate vicino a Milano, quindi a Bruxelles, e oggi anche presso la sede internazionale di Sainte-Foy-lès-Lyon in Francia. Recentemente, in uno dei nostri uffici, l'ho visto all'opera mentre illustrava a più gruppi del marketing e dell'amministrazione la decorazione ludica dei loro uffici. In questi seminari creativi, l'artista trasmette a tutti entusiasmo, passione, umiltà e la freschezza dello spirito di un bambino. Come

* Potete visionare il video di questa appassionante avventura sul sito Internet www.omeoart.org

un clown, distribuisce nasi rossi a tutti coloro che sono ancora oggi capaci di aiutarlo a diffondere questo spirito. Proprio mentre animava i suoi seminari, una delle nostre dipendenti esponeva, nel corridoio davanti al suo ufficio, le proprie opere!! E il tutto in una bellissima atmosfera di lavoro: distesa, sorridente eppure concentrata ed efficace. Ne sono rimasto stupefatto.

Presso la sede milanese, di recente, abbiamo avuto la visita anche del dottor Patch Adams. L'inventore della «clownterapia» (termine che lui non ama...) ha condiviso con noi gli stessi valori di un umanesimo creativo: ha posto l'uomo e la creatività al centro di ogni rapporto terapeutico, fornendo un vero esempio per un'azienda come la nostra. Fidarsi anzitutto di ciò che, in fondo in fondo, sentiamo come giusto. Mettere in atto anzitutto le idee che scaturiscono nel nostro intimo davanti a un caso concreto. Il caso teorico non esiste, né in medicina, né in azienda. Vi sono «soltanto» esseri umani, con una storia e una personalità uniche, e con un potenziale infinito di guarigione, d'amore, di creatività e di gioia. Sta a noi trovare il modo per esaltare e liberare tale formidabile potenziale. Patch ha un obiettivo che sta realizzando: il suo ospedale in Virginia Occidentale (USA). Un ospedale basato su questa nuova visione dell'arte medica. È per questo che va in giro per il mondo anche alla ricerca di fondi che gli consentano di raggiungere quel traguardo. In questo modo, a ogni contatto è come se accendesse un nuovo lumicino di speranza e di senso. La sua arte è estremamente contagiosa!

La fiducia: un carburante magico

Avere fiducia in se stessi non è credersi invincibili. È anzi riconoscere i propri limiti, le proprie debolezze senza mettersi in testa che impediscano di vivere, di agire o di essere felici.

Per acquisire e preservare questa profonda fiducia in se stessi, di stampo squisitamente neocorticale, occorre lavorare sodo, proprio come per la felicità. Del resto, la fiducia in sé è parente stretta della felicità e ne è l'espressione più lampante. Una persona felice irradia fiducia, e viceversa.

L'impresa neocorticale trae la propria solidità e la propria efficienza dalla capacità dei suoi componenti di fidarsi gli uni degli altri. Ogni impresa potrebbe (e dovrebbe) in questo modo essere un fantastico distributore di fiducia, al suo interno come al suo esterno. Perché è di fiducia che oggi il mondo ha più bisogno, sul piano collettivo e individuale.

La fiducia induce una serenità che favorisce un'azione e una riflessione intelligenti; e rappresenta uno splendido stimolo per raggiungere la pienezza dell'essere profondo. *Dare* fiducia non è meno importante che *ricevere* fiducia. Una semplice manifestazione può modificare i termini di un problema e far spuntare le ali, mentre la diffidenza le ali le tarpa. Un giovane che commette delle sciocchezze è spesso una persona priva di fiducia sia in sé, sia nella vita. La medesima cosa si può dire di un anziano che si sta rattrappendo. Diamo a entrambi un poco di quella fiducia mancante e, come per magia, il giovane maturerà e l'anziano ringiovanirà.

Avere fiducia in sé significa mettersi in condizione di sfruttare il proprio vero potenziale vitale. La fiducia è l'ossigeno della costruzione collettiva. È il carburante magico di un'azienda.

Anche soltanto con un 10% in più di fiducia in se stessi, l'efficienza raddoppia.

Ma come può fare un capo per innalzare il livello di fiducia nei suoi sottoposti? Certamente testimoniando tutta la fiducia che nutre nella propria squadra, collettivamente e individualmente. Ma non ci riuscirà mai a forza di belle parole. Dovrà esprimerla con il suo stesso atteggiamento personale. Per esempio, accettando in modo tranquillo e sereno le proprie debolezze e lacune, le sue incapacità, le sue stesse paure. Riconoscerle, accettarle e condividerle è la più bella prova di fiducia che possa dare al gruppo. Ed è anche ciò che dà un senso al gruppo stesso, al team: in tanti è più facile riuscire a compensare i limiti del singolo. Un buon capo, come un buon padre, non è mai un uomo perfetto.

La propensione a fidarsi di sé e degli altri si consolida nella prima infanzia. Genitori ed educatori hanno il compito di insegnare e trasmettere ai bambini quest'attitudine, una fiducia meritata e ponderata, basata sulla scoperta e l'accettazione progressiva delle capacità individuali e specifiche.

Per questo, però, è necessario accettare le proprie paure. Saper integrare, superare e trascendere la paura è uno dei segreti della fiducia. In alcune tribù amerindie, il passaggio all'età adulta (attorno ai tredici anni) era segnato da un rito: abbandonare il ragazzo per tre giorni in piena foresta, con un po' di cibo, arco e frecce. In questo modo, scoprendosi in grado di sopravvivere da solo in un ambiente ostile, il giovane sentiva rinsaldata la propria fiducia in se stesso.

Un'azienda che voglia essere il più possibile efficiente deve reclutare persone contraddistinte dalla massima fiducia in sé. È la *conditio sine qua non* per un loro corretto inserimento e perché possano recare un valore aggiunto. Chi non ha fiducia in se stesso sottrae valore all'impresa.

E, una volta dentro, occorre che tutto concorra a rafforzare questo capitale, vero motore dell'essere umano. Al riguardo sono possibili più strategie diverse e tante le sperimentazioni ancora da fare. Ma l'essenziale è naturalmente il livello di considerazione che la gerarchia riesce a esprimere in modo autentico. Rispetto e considerazione sono indispensabili per preservare e sviluppare la fiducia del sottoposto in se stesso. A ciò concorrono anche un'atmosfera aperta e trasparente, la libertà di comunicare agevolmente (sino al punto di un minimo indispensabile di impertinenza), una coraggiosa politica di informazione e, naturalmente, il grado di crescita personale.

Un capo deve poter dire a tutti i suoi sottoposti: «Lei non arriverà mai a credere in se stesso quanto io credo in lei! Ecco perché le chiedo di essere se stesso. Se l'ho assunta è per ciò che lei è, non per quello che lei pensa che io mi aspetti che sia».

Questa non è manipolazione: è la pura verità.

Ritratto dell'impresa neocorticale

L'azienda ispirata alla ricerca della felicità è quella in cui:

✓ Vi è un progetto forte e chiaro che raduna attorno a sé gli azionisti e conferisce un senso all'impresa.
✓ Tutti nutrono *rispetto* per gli altri e *fiducia* in se stessi. Tale rispetto, tale fiducia si basano su regole del gioco note a tutti, corrispondenti a una filosofia e a un'etica discusse spesso a livello sia di organici, sia di azionariato.
✓ La realizzazione di tutti è la chiave della performance del gruppo.
✓ La comunicazione si fonda sull'autenticità e sulla trasparenza.
✓ La creatività è per tutti fonte di realizzazione.
✓ Un ampio inserimento di disabili consente di rimettere in discussione atteggiamenti e abitudini, favorendo così il progresso collettivo.
✓ Lo spazio riconosciuto all'arte incita a vedere la vita sotto un'altra ottica, a praticare l'autenticità, a ricercare l'estetica come fonte di efficienza e metro di adeguatezza.

Il lavoro: diritto o dovere?

Vi è stato un tempo, e neanche tanto lontano, in cui il lavoro nel mondo occidentale era spaventosamente penoso e degradante. Le persone faticavano per quattordici o quindici ore al giorno, senza ferie, senza giorni di riposo, dai cinque anni fino alla morte. La parola *lavoro* viene dal latino *labor*, che significa «fatica» e anche «sofferenza»: è inevitabile che, nella memoria comune, il concetto si porti dietro una connotazione negativa.

Fatte le dovute eccezioni, va riconosciuto che, oggi, la realtà è ben diversa. Non si inizia più a lavorare a cinque anni, ma nella tarda adolescenza, o anche molto dopo se si sceglie di compiere studi universitari. Non si resta al lavoro fino alla morte, perché la speranza di vita è di circa ottant'anni e l'età pensionabile arriva molto prima. Nell'arco di un'esistenza, sono stati così guadagnati più di trent'anni.

La settimana lavorativa è ormai di cinque giorni e, contando anche le ferie, abbiamo due mesi liberi all'anno. Se si fa il calcolo della durata media del lavoro per ogni giornata ripartito su un'intera vita, si scopre che la quantità reale di tempo dedicata al lavoro è forse di due o tre ore al giorno. (Per curiosità ho tentato di reperire questi dati su Internet, senza successo, ragion per cui ringrazio chi avesse informazioni più precise o più attendibili da fornirmi, contattandomi attraverso la casa editrice.)

Il quadro generale mostra chiaramente che la lotta per il progresso sociale non passa più dalla riduzione quantitativa del lavoro: forse dovremmo incominciare a battere una seconda strada, iniziando a lavorare prima e proseguendo finché le forze ce lo consentono.

A ogni buon conto, la ripartizione del lavoro lungo l'intero corso dell'esistenza va migliorata e resa più flessibile, proprio per adattarla alle situazioni diversissime con cui ci si trova via via a fare i conti, in funzione delle condizioni (genitori che devono o che desiderano dedicarsi ai figli), dell'impegno sociale e politico, dei progetti di vita (viaggi di lunga durata, formazioni alternative), dell'ambiente famigliare (malattie o altri vincoli, transitori o meno).

Non soltanto il lavoro non costituisce più la fonte essenziale dei mali della persona o della società, ma al contrario diviene un'importante fonte di realizzazione.

- Permette di acquisire nuove competenze (lingue, tecnologie, economia, favorisce la crescita personale).
- Fa scoprire il mondo tramite i contatti, le missioni, le responsabilità.
- Diventa l'occasione per attività sportive, culturali o di svago.
- Porta nella nostra vita nuovi amici (e magari qualcosa di più).
- Infine, nelle aziende che ho definito «neocorticali» lavorare è anche coltivare la propria felicità!

La rivendicazione sociale in merito dovrebbe quindi vertere meno sulla sola riduzione dell'orario e più sull'adeguamento alle aspirazioni individuali. *La miglior cosa che un essere umano possa augurarsi sul piano professionale è fare un lavoro che gli piaccia* e questo è il risultato dell'impegno di più soggetti: genitori, insegnanti ed educatori, Stato, istituti di formazione professionale e, naturalmente, le aziende. Tutti dovrebbero mobilitarsi a favore di questo obiettivo. Non è in gioco solo la felicità dell'individuo, ma l'interesse della società tutta.

La pensione progressiva

Nel 1975, leggendo un articolo su *L'Express*, ho appreso che il 20% dei pensionati moriva nei due anni successivi alla cessazione dell'attività professionale. Ho affrontato la questione in consiglio di amministrazione e in comitato aziendale; la riflessione in merito è sfociata, nel 1976, in un accordo sociale sull'accompagnamento alla pensione. Ogni candidato al programma poteva ridurre progressivamente l'orario di lavoro nell'arco di cinque anni, fino al part-time nell'anno finale. È un sistema poco costoso per l'azienda, che consente di abituarsi gradatamente al distacco dalla propria attività professionale, all'eventuale riscoperta della famigliare, non sempre facile e a volte da reimpostare, all'avviamento di nuove attività. Si è rivelato un sistema molto efficace, e nessuno degli altri accordi sociali che abbiamo firmato da allora, all'apparenza più importanti, hanno dato riscontri tanto positivi.

Grazie a questa innovazione, sono stato invitato a partecipare a tanti incontri di riflessione, specie in seno all'OCSE (Organizzazione per la Cooperazione e lo Sviluppo Economico che riunisce una trentina di Paesi sviluppati e democratici), per sentirmi dire che il nostro sistema era certamente interessante e innovativo, ma reso già obsoleto dal fatto che la nozione di pensione tra poco sarà sorpassata e che occorre invece adattare il posto di lavoro all'invecchiamento individuale, consentendo a ognuno di restare in azienda il più a lungo possibile.

Oggi a sessant'anni non si è più vecchi e sfiancati. E neppure a sessantacinque o settanta. Anzi, spesso si è in piena forma: non si dimentichi che attualmente la speranza di vita si aggira attorno agli ottant'anni (poco più per le donne, poco meno per gli uomini) e che l'obiettivo della longevità potrebbe ben presto raggiungere i centoventi o anche i centocinquanta.

Andare in pensione secondo le scadenze attuali significa privare la società di un potenziale enorme sul piano economico e umano. Salvo il caso di malattie o incidenti, si riesce a rendere un grande servizio a un'azienda proprio grazie all'esperienza acquisita e alle conoscenze accumulate. Anziché premere per ridurre gli orari e anticipare la pensione, bisognerebbe incoraggiare tutti coloro che possono a lavorare più a lungo. Restare nella vita attiva favorisce la gioia di vivere, aiuta a superare i piccoli acciacchi che con l'età non fanno che moltiplicarsi, stimola la crescita economica tramite lo sviluppo e i consumi. Un «vecchio» che lavora consuma molto più di uno che resta a casa sua a macerarsi nella noia interrotta solo da una partita a bocce!

Nella misura in cui il lavoro diviene sempre più stimolante, non vi è motivo di allontanare dalla vita produttiva intere categorie di soggetti. Ognuno deve far valere il proprio diritto al lavoro.

Perfino i bambini dovrebbero accedere a questo diritto (nonché dovere) di svolgere un lavoro retribuito. Mi riferisco alle attività socialmente utili: assistenza di persone, pulizia dell'ambiente eccetera. Si potrebbe prevedere un'ora di prestazione alla settimana sin dai dieci anni d'età, aumentandola ogni anno di trenta minuti: servirebbe a far capire il valore del lavoro, a dare il piacere di sentirsi utili alla società, a suscitare eventuali vocazioni professionali.

Questa iniziazione andrebbe gestita nelle scuole proprio per permetterne il controllo e l'assimilazione.

Andrebbe generalizzata ed esportata anche la nozione di «pensione progressiva»: se a ottant'anni si è in piena forma, come generalmente avviene oggi, ognuno può continuare la sua vita produttiva, magari con una prestazione, ridotta, per esempio di cinque ore settimanali. In cinque ore, un ottantenne spesso conclude molto più che un ventenne in quaranta: l'esperienza permette di andare al sodo, di ascoltare di più gli altri, di diffondere buonumore.

In questo modo, avremmo tutti accesso, e per l'intera vita, alla formazione permanente, alla cultura, al volontariato, alle responsabilità politiche e sociali, ad attività fisiche e artistiche eccetera. Ciò accrescerebbe anche la competenza e la versatilità di ognuno di noi, a tutto vantaggio della flessibilità e della fluidità del sistema.

19

Per una religione democratica

L'IPOTESI sulla *felicità* presentata in questo libro mi porta a proporvi di trattare, con la stessa volontà di chiarezza e lo stesso coraggio, i concetti di *fede* e di *religione*.

Se vi parlo di chiarezza e di coraggio è perché ce ne vuole una buona dose per affrontare temi che, come questi, sono stati finora gravati da paura e confusione.

Buona parte dell'umanità ha oggi gli strumenti intellettuali e culturali per rimettere in discussione i dogmi religiosi. Del resto, a incitarci a farlo è la globalizzazione della comunicazione, è l'accelerazione del cosmopolitismo in tutto il pianeta.

Le riflessioni che seguono scaturiscono al tempo stesso da questa nuova visione della felicità, dalla filosofia e dalla psicologia, ma si inquadrano anche con coerenza nell'opera di ravvicinamento ecumenico avviata ormai da decenni dalle principali confessioni religiose.

Certo che Dio esiste

Sarebbe da ingenui pensare che la vita non sia stata creata da una forza che ci trascende! L'uomo ha creato Dio a propria immagine e somiglianza, ma l'inverso non è affatto certo! Questo aforisma mi pare di una profondità infinita: abbiamo effettivamente bisogno di dare un'immagine a questa entità più grande di noi, e occorre distinguere chiaramente tra la prima e la seconda.

Poco più di cent'anni fa, Nietzsche proclamava: «Dio è morto!» prima ne *La gaia scienza* (1882), poi in *Così parlò Zarathustra* (1883-85). Ma si trattava di una provocazione: il filosofo tentava di scuotere gli uomini della sua epoca spingendoli a raccogliere una sfida intellettuale, spirituale e di pensiero. Quello che in sostanza intendeva dire era: «Certo che Dio esiste, certo che ci ha creati, ma smettetela di comportarvi da bambini! Rendetevi conto appieno del mistero dell'umanità, assumetevi appieno la responsabilità della fede in un mondo esterno, dal quale proveniamo e verso il quale andiamo».

Una nuova ragione per credere

Se ciò che chiamiamo «Dio» ha inventato il piacere per gli animali, e la felicità per gli essere umani, evidentemente l'ha fatto per condurci verso un senso. Dio esiste perché è così che noi designiamo la forza che ha dato vita alla natura, all'universo, all'uomo. Certo, non sappiamo *chi* Egli sia, né perché Egli abbia fatto tutto ciò. Ma sappiamo ormai di poter scegliere: o ci incamminiamo verso il nostro destino con la gioia nello sguardo, la felicità nel cuore e manifestando in modo fiducioso il nostro essere profondo; oppure decidiamo di andarci pieni di rancore, di rimostranze

segue

per le nostre sofferenze, le nostre debolezze, i nostri limiti, l'ingiustizia umana e quella divina, con il bel risultato di renderci la vita impossibile!

A voi la scelta.

La fede in Dio è oggi sinonimo di fiducia nella vita, nell'amore, nella felicità, nel fatto che l'esistenza ha un senso, fiducia nell'accettare il mistero della vita e della morte.

Fede significa accettare che l'uomo non può comprendere tutto, è ammettere che non si può pretendere di essere in vita e, al tempo stesso, di conoscere il senso della vita.

Verso l'ecumenismo

Questa fede rinnovata, rivitalizzata, più coerente con l'evoluzione del genere umano, potrebbe favorire l'evolvere delle religioni verso un più ampio ecumenismo, divenuto indispensabile oggi che devono convivere su scala planetaria. E tutti i religiosi devono tendersi la mano per aiutare i loro fratelli a vivere meglio.

Diviene sempre più pressante il bisogno di un ampio ecumenismo che permetta di dare al «villaggio globale» una religione che unisca gli uomini anziché dividerli, come purtroppo accade troppo spesso ancora oggi.

Per poter dare un contributo efficace a questo movimento ecumenico, vi propongo di distinguere tre componenti fondamentali della realtà della religione: la *fede*, il *dogma* e la *pratica*.

La fede. La fede in un Creatore è oggi incontestabile sia sul piano scientifico, sia a livello intuitivo, come ho cercato di mostrare. Non possiamo fare a meno di percepirne l'esistenza e di ammettere che noi e la natura tutta non potremmo esistere senza una volontà o un'entità che ci trascenda. Su questo tema non dovrebbero esservi grandi dissensi.

Il dogma. Raggruppare i dogmi comporterà probabilmente una sfida più difficile. Già oggi vi sono frequenti incontri fra le varie istituzioni religiose per discutere di possibili convergenze. Non si dimentichi che, nella sostanza, vi è una totale sintonia di pensiero su due aspetti essenziali: la fede nell'esistenza di una «forza superiore» e l'amore e il rispetto per gli esseri umani come base per lo sviluppo armonioso della nostra società.

La pratica. La pratica religiosa, invece, trova il proprio fondamento logico nella necessità di radunarsi fra appartenenti a una stessa comunità, di tornare insieme alla sorgente. La nascita, il matrimonio e la morte ci incitano alla ricerca di un senso, del sacro e di luoghi in cui condividere tutto questo. Quando muore un amico non ha importanza quale fosse il suo credo religioso: si prova comunque il bisogno di raccogliersi, di condividere il nostro dolore con i suoi cari, di interrogarsi sul senso della vita e della morte per noi e per la nostra famiglia. Con un sempre crescente cosmopolitismo, è logico che le pratiche religiose finiscano per cancellare a poco a poco le loro differenze senza grandi difficoltà.

Pur essendo cattolico per tradizione famigliare e totalmente in accordo con la pratica religiosa, non ho mai nascosto la mia simpatia per la dottrina buddista. *Il libro tibetano del vivere e del morire*, di Sogyal Rinpoche, è per me un portento di virtù e di intelligenza, e anche di modernità.* Almeno nella prima parte, puramente filosofica, perché quando passa al dogma lo apprezzo di meno. Provo una grande simpatia intellettuale per il mio amico Matthieu Ricard, scienziato francese, divenuto monaco buddista. Vive in Tibet, è traduttore del Dalai Lama e ha scritto numerosi libri, fra cui *Il gusto di essere felici*, un'opera davvero di enorme interesse.** Giungiamo alle stesse conclusioni, alle stesse proposte, anche se per strade assai diverse. Naturalmente non ci troviamo d'accordo su tutto, almeno nella forma; per esempio Ricard, con Aristotele e tanti altri grandi filosofi, ritiene che la felicità sia un fine in sé: «Lo scopo dell'esistenza è provare la pienezza dell'essere, accompagnata dall'amore per ogni altra creatura vivente».

Per me, al contrario, la felicità non ha alcun senso vista come finalità, non più del piacere fisico o psichico. Tutte queste forme di gratificazione sono chiaramente e semplicemente delle «guide», non dei mezzi che ci permettono di sopravvivere e di realizzarci. Dio non ci ha dato tutti questi diversi piaceri solo per magnanimità! Noi siamo potentissime macchine impegnate in una cibernetica del progresso nella quale i piaceri e la felicità hanno il compito di guidarci e di motivarci.

La mia adesione alla filosofia buddista cessa laddove inizia il dogma della religione buddista. Per esempio, non sposo la reincarnazione (così come non sposo la resurrezione). Stento a credere che chiunque, religioso, filosofo, saggio, abbia la capacità di sapere che cosa avvenga dopo la morte. Non ho alcuna difficoltà ad accettare che le religioni, nel passato, abbiano corroborato l'idea di una vita ultraterrena per alleviare

* Sogyal Rinpoche, *Il libro tibetano del vivere e del morire*, Ubaldini, Roma 1994.
** Matthieu Ricard, cit. p. 23.

le nostre angosce. Ma oggi non abbiamo più bisogno di farci raccontare delle storie, possiamo essere felici anche senza. Ce lo dimostra la conoscenza dei meccanismi della felicità, che si basa sull'accettazione della realtà, non inventandosi fantasie che ci proteggano. Non dimentichiamo peraltro che compiere un percorso spirituale significa affrontare i misteri della vita e della morte, non negarli.

Attenzione, però, a non rifiutare le religioni in forza dei loro dogmi più o meno superati. L'apparato dogmatico non è l'aspetto essenziale, da ricercare piuttosto nella generosità, nella dedizione, nella disponibilità delle figure religiose.

Tutti abbiamo bisogno di questi «servi di Dio» (sacerdoti, imam, rabbini eccetera) che continuano, nella loro vasta maggioranza, a destare in me ammirazione e rispetto. È grazie al loro straordinario impegno che così tanti esseri umani sono riusciti a trovare il proprio cammino fra sofferenze e angosce, fra sciagure e malattie.

Essi hanno fatto ordine fra gli umani in epoche «limbiche», barbariche, in cui questo era indispensabile. Mostrandosi spesso imperfetti, talvolta violenti, sovente troppo dogmatici o addirittura fanatici, alcuni dei veri e propri farabutti. Senza nulla togliere alla fondatezza di queste critiche, è però doveroso giudicare con obiettività tutto il bene che la religione e i religiosi hanno fatto all'umanità, le cui virtù non sono sempre state al di là di ogni dubbio.

Poi hanno favorito lo sviluppo della neocorticalità, facendo prendere coscienza agli uomini che soddisfare i desideri limbici o rettiliani non porta alla felicità, che la felicità è altrove, che per essere felici bisogna staccarsi dai condizionamenti e dagli istinti gregari; che l'avidità genera solo infelicità; che la legge del taglione non è necessariamente giustificata; che la vera forza risiede nell'amore: amore verso di sé, verso gli altri, amore incondizionato per la vita.

Dall'ecumenismo alla democrazia

Vi sono due strade per giungere all'ecumenismo.

La prima passa dal progressivo ravvicinamento dei diversi punti di vista sotto la guida dei massimi capi religiosi, che ormai da tempo, con discrezione, si incontrano un paio di volte all'anno.

La seconda passa da una democratizzazione del dogma. Visto che, al giorno d'oggi, siamo tutti persone in senso pieno, non c'è più nessun bisogno di raccontarci delle panzane. Pur nelle diverse vicende storico-politiche che abbiamo alle spalle, abbiamo però vissuto tutti lo stesso travaglio, passando dal monarca per diritto divino alla democrazia finalizzata al progredire dell'umanità. Questo indispensabile apprendistato ha registrato anche momenti sanguinosi e ha richiesto qualche migliaio d'anni, in un processo che non può ancora dirsi concluso. Oggi, però, nessuno si sogna più di negare l'utilità di questo cammino. In futuro assisteremo forse, e in forma più rapida, a una democratizzazione del potere religioso. Il mondo è ormai pronto. E ne ha bisogno. Possiamo elaborare insieme le nuove basi della pratica del culto, di una fede al passo con i tempi e di un dogma moderno, semplice e chiaro, che prenda le mosse semplicemente dai dati in nostro possesso: il mistero della vita e della morte, il bisogno di sacro e di spiritualità, la convinzione o la fede che la vita abbia un senso, l'affermazione della felicità e dell'amore come guida dell'esistenza. In ogni religione presente o passata vi sono elementi da cogliere e aspetti da superare.

Per esempio sul piano filosofico e psicologico, nell'insegnamento del Nazareno reputo fondamentale l'insegnamento di porgere l'altra guancia,* che segna una svolta considerevole nella filosofia e anche nella scienza, proponendo una *strategia di reazione* fra le più moderne. La ritroveremo infatti duemila anni più tardi in seno alla scuola di psicologia comportamentale di Palo Alto, in California, e in particolare negli scritti** del suo fondatore, lo psicosociologo Paul Watzlawick (nato in Austria nel 1921 e morto in California nel 2007). L'immagine più rappresentativa è quella della barca su uno specchio d'acqua calmo, nella quale due uomini, in posizione opposta, si sporgono dal bordo per fare da contrappeso, per mantenere la barca in equilibrio (*vedi* p. seguente). Ambedue sono convinti che, se cesseranno di fare ciò, la barca si capovolgerà. Naturalmente la miglior cosa sarebbe che uno tornasse lentamente verso il centro dell'imbarcazione, cosa che spingerà l'altro a fare altrettanto. In un caso come questo, l'applicazione della legge del taglione porta inevitabilmente alla catastrofe!

Perché Dio ci invia così tante sofferenze, ingiustizie e disgrazie?

Questa domanda è il punto centrale della negazione di Dio. Come fa a esistere e permettere tutte queste disgrazie, tutta questa sofferenza? È la domanda che ci poniamo spesso.

* Vangelo secondo Matteo, 5, 38: «Avete inteso che fu detto: Occhio per occhio e dente per dente; ma io vi dico di non opporvi al malvagio; anzi se uno ti percuote la guancia destra, tu porgigli anche l'altra». E più avanti: «Ama i tuoi nemici, prega per chi ti perseguita».

** *Vedi* in particolare: Paul Watzlawick, John H. Weakland, Richard Fisch, *Change: sulla formazione e soluzione dei problemi*, Astrolabio, Roma 1974.

Gli sforzi inutili per mantenere un equilibrio già esistente.

Generalmente noi ci comportiamo come se fossimo stati mandati sulla Terra in vacanza o in esilio: molti di noi sono nati in uno Stato dove vivere è gradevole, con genitori splendidi, doti naturali, una buona salute e una certa presenza fisica. Altri invece vengono al mondo in un Paese dilaniato da guerre e carestie, con i genitori che muoiono ben presto di malattia, di fame o a causa di violenze, sono in cattiva salute, non hanno accesso alla cultura, sono vittime di perversioni, coercizioni, indottrinamento ideologico eccetera.

Quale mai potrebbe essere il senso di questa «lotteria»?

Dobbiamo accontentarci di attendere la fine delle «vacanze terrene» tentando di approfittarne al massimo, o di soffrire il meno possibile? Oppure ridurre la durata del nostro soggiorno con un'eutanasia più o meno cosciente e più o meno riuscita? Penso a chi annega il proprio malessere nell'alcol o in altre droghe, a chi vive pericolosamente sfidando la morte in auto o in moto, o in altri modi, a chi, spinto da una depressione profonda, si toglie la vita.

In realtà io credo che arriviamo in questa vita con una missione ben precisa, un compito da svolgere, e le vicissitudini individuali non sono giudicate fondamentali da Colui che ci manda. Questa missione divina è sconosciuta, ma possiamo ugualmente percepirne i contorni con il nostro avanzare nell'esistenza, come dei ciechi che si facciano strada a tentoni. Abbiamo a disposizione magiche guide come le sensazioni di piacere o di sofferenza che emanano dai nostri tre cervelli. Se riusciamo a capire e a seguire queste «istruzioni», possiamo cavarcela con la minor sofferenza e la maggior soddisfazione possibile. Non potremo evitare ogni colpo, ma viverlo in modo meno doloroso, sì. Specie se diamo un senso alla vita e alla nostra esistenza.

L'uomo è «buono» se è «felice»

Mi pare legittimo sovrapporre le nozioni di *bontà* e di *felicità*, così come quelle di *infelicità* e *malvagità*. Quando un bambino piange non è per capriccio, ma perché sta soffrendo e ha bisogno di aiuto. L'eventuale capriccio è una richiesta d'aiuto, una forma espressiva assunta dalla sofferenza. Analogamente, un uomo *infelice* è incattivito perché soffre proiettando sugli altri, e per giunta moltiplicandolo, tutto l'odio che i suoi condizionamenti lo spingono a provare verso se stesso. Un infelice non riesce a essere buono neanche volendolo, può solo fare del male perché fa del male a sé. Il risultato delle sue azioni avrà sempre una sfumatura di quella sofferenza profonda che infligge a se stesso, e che non può fare a meno di condividere con gli altri.

Come ho già detto in precedenza, per *fare* del bene bisogna anzitutto *stare* bene...

Quando si è *felici*, si prova amore e rispetto verso se stessi e ci si accetta (e viceversa!). Si accettano tutte le parti di sé, sia quelle ritenute gradevoli, sia quelle che paiono detestabili, e quindi, chi si apre a se stesso in tutte le sue dimensioni si apre agli altri, e proietta sul prossimo, sul mondo, sulla natura il vero amore che scaturisce dall'accettazione di sé, dalla propria realizzazione personale. Un amore incondizionato. Ma lo ripeto, *felicità* non significa *inerzia*, la felicità non impedisce di intervenire sul mondo, in compenso permette di farlo senza acrimonia e risentimento, senza disprezzo né complessi di superiorità, senza aggressività, solo con l'umiltà semplice e serena di chi assolve alla propria missione di essere umano. Si può quindi affermare che un uomo felice è buono.

In altri termini, l'uomo è buono perché è felice, non perché costretto a esserlo dalla morale o dalla disciplina, per paura del castigo degli altri o addirittura divino... Non ci si può costringere alla bontà. Non funziona. E, viceversa, un uomo malvagio lo è perché è infelice.

La comprensione dei meccanismi psicologici non va però confusa con la nozione di *giustizia*. Quando la giustizia condanna un uomo giudicato colpevole di non aver rispettato la legge, si tratta di un'operazione indispensabile al mantenimento di un certo ordine sociale. Questo non ha nulla a che vedere, o comunque non dovrebbe avere nulla in comune, con un giudizio di valore. La colpevolezza non implica automaticamente il biasimo. Se ci fossimo trovati nelle stesse circostanze, con la stessa genetica, lo stesso ambiente d'origine, lo stesso passato, forse avremmo commesso esattamente lo stesso «errore».

La giustizia umana è indispensabile: isolare i criminali, impedisce a chi è infelice di nuocere eccessivamente agli altri. Inoltre, genera nel cervello limbico dell'infelice un ulteriore disincentivo ad agire.

Per contro, ogni volta che emettiamo un giudizio morale su chi commette un reato o un crimine, entriamo in stato d'emergenza perché la nostra intelligenza non può avallare un simile giudizio. Fateci caso: non vedrete mai nessuno esprimere un giudizio morale su qualcun altro senza alterarsi, ossia senza entrare in stato d'emergenza.

Pur applicando al criminale la sanzione prevista dalla legge degli uomini, bisognerebbe però continuare ad amarlo come parte integrante della nostra carne, del nostro sangue, della nostra famiglia. Ciò che è lui, avremmo potuto esserlo noi. Ciò che ha fatto, avremmo potuto farlo noi, se fossimo stati messi nelle stesse condizioni. Mi spingo fino ad affermare che, sul piano collettivo, condividiamo la stessa colpa, eppure non ci meritiamo alcun giudizio di valore.

E la giustizia divina?

L'insufficienza degli organici e dei fondi di giustizia e delle forze di polizia ha sempre reso impossibile, nella nostra società, il mantenimento dell'ordine. Era quindi allettante, e logico, sfruttare l'angoscia esistenziale e immaginare una giustizia divina con tanto di castighi divini come l'*inferno* o il *purgatorio*, o promesse come il *nirvana* o il *paradiso*. Dobbiamo rendere perenni queste credenze più o meno superstiziose, che rinviano all'aldilà premi e sanzioni per il comportamento su questa Terra, qui e ora?

Dio, che ci ha creati, rimane in noi. In ognuno di noi: quando ci mettiamo seriamente ad ascoltarlo e ad ascoltarci, noi Lo sentiamo ed Egli ci guida. Dio si «incarna» nella coscienza di ognuno di noi (supponendo che la coscienza sia fatta di carne, cosa per nulla certa; potremmo intenderla come una sorta di cordone ombelicale fra Dio e l'individuo, fra la vita e la morte, fra temporale e atemporale, fra fisico e metafisico...), in quel densissimo nucleo di energia e di senso che è l'essere profondo, in quest'«anima» che è in noi, che *è* noi, che naturalmente vede tutto, sa tutto, sente tutto. Possiamo comunicare con Lui grazie alla coscienza, quando lo vogliamo, con la preghiera, la meditazione, il raccoglimento, tutti mezzi per restare *in* noi stessi, *con* noi stessi, *con* la nostra sostanza divina.

E *Dio, infinitamente molteplice e presente, non si fa alcuna remora a farci sapere, tramite la coscienza, che cosa pensa dei nostri atti e dei nostri pensieri.* Il giudizio e la sanzione sono immediati. Appena ci si allontana da Lui, dall'autenticità, dall'amore per se stessi e quindi per Lui, dall'ascolto interiore profondo, ecco che si riattivano i condizionamenti patogeni, le emozioni prendono il sopravvento e la felicità si allontana. Non c'è bisogno di aspettare la «vita dopo la vita». Il conto arriva subito, e Dio non fa credito.

E il «paradiso» è su questa Terra: è la felicità.

Soluzione del quiz di logica

Avete in mano dodici biglie tutte dello stesso peso, tranne una. Avete a disposizione la classica bilancia a due piatti – senza pesi – e per scoprire la biglia diversa dalle altre potete fare in tutto tre pesate.

Dividiamo anzitutto le biglie in tre gruppi:

a b c d (gruppo 1)
e f g h (gruppo 2)
i j k l (gruppo 3)

Prima ipotesi

Prima pesata: 4 biglie (*a b c d*) su un piatto e 4 biglie (*e f g h*) sull'altro.

I piatti sono equilibrati. La biglia diversa è nel gruppo 3 (*i j k l*).

Seconda pesata: scegliere una biglia *x* da uno dei primi due gruppi (e quindi normale) e unirla al gruppo 3. Posare *i j* su un piatto, *k x* sull'altro.

Se $i + j = k + x$, la biglia diversa è *l*.

Terza pesata (1): raffrontare *l* a una biglia normale, deducendo così il segno dell'anomalia di peso.

Se invece $i + j > k + x$, allora la biglia anomala può essere *i*, *j* oppure *k*. Se si tratta di *i* o di *j*, la biglia anomala è più pesante delle altre, se si tratta di *k*, è più leggera.

Terza pesata (2): raffrontare *i* e *j*.

Se $i = j$, la biglia diversa è *k*, ed è più leggera.

Se $i > j$, a essere diversa dalle altre è la biglia *i*, più pesante.

Se $i < j$, la biglia diversa dalle altre è *j*.

Se $i + j < k + x$, il ragionamento è analogo a quanto precede.

Seconda ipotesi

Prima pesata: $a + b + c + d > e + f + g + h$ ($i\ j\ k\ l$ sono normali).

Seconda pesata: scegliere una biglia x dal gruppo 3 (e quindi normale) e posare sui piatti $a\ b\ e$ da una parte, $c\ f\ x$ dall'altra.

Se $a + b + e = c + f + x$, la biglia diversa è d, g oppure h. Tenuto conto della prima pesata, se si tratta di d sarà più pesante, se si tratta di g oppure h sarà più leggera.

Terza pesata (1): raffronto fra g e h.
$g = h$: la biglia diversa è d, ed è più pesante.
$g > h$: la biglia diversa è h, ed è più leggera.
$g < h$: la biglia diversa è g.

Se $a + b + e > c + f + x$ una delle biglie a o b è più pesante (e è da escludere, in base alla prima pesata) oppure f è più leggera.

Terza pesata (2): raffronto tra a e b.
$a + b + e < c + f + x$
Ragionamento analogo a quello già esposto.

Terza ipotesi
$a + b + c + d < e + f + g + h$
Ragionamento analogo a quello già esposto.

Il piccolo manuale
della felicità

La definizione della felicità

La felicità è lo stato radioso di chi riesce a esprimere il proprio essere profondo, a vivere il proprio destino personale, a dare un senso alla propria vita, a divenire l'eroe di se stesso, a «volare ogni giorno più in alto», a sentirsi ogni giorno più libero.

I «tre cervelli»

- ✓ Il cervello rettiliano (o ipotalamo), che è l'antenato della funzione cerebrale animale, dispensa piacere e sofferenza *fisici* per incitare l'individuo a preservare la propria integrità sul piano fisico.
- ✓ Il cervello limbico (o memoria programmante), sviluppatosi nei mammiferi superiori, trasmette sensazioni di piacere o di sofferenza *psichiche*, spingendo gli individui a organizzarsi in società solide e permanenti.
- ✓ Il cervello neocorticale prefrontale (o intelligenza), prerogativa del genere umano, dispensa quella sensazione di felicità alla quale siamo naturalmente destinati.

Il cervello della sopravvivenza

Piacere e dolore sul piano fisico

✓ Il cervello rettiliano ha il compito di garantire il funzionamento dell'organismo sul piano fisico e psichico, al di fuori della sfera del conscio.
✓ Non pensa, ma agisce in modo indipendente, limitandosi a segnalare che ha bisogno di aiuto, o la presenza di una minaccia.
✓ Comunica mediante stimoli ben precisi: per le necessità fisiologiche tramite la fame, la sete, la sonnolenza o il desiderio sensuale e sessuale; per prevenire una minaccia fisica tramite il dolore; per informare di un pericolo interno o esterno tramite gli stati d'urgenza dell'istinto (lotta, fuga, inibizione dell'azione) e le emozioni correlate (paura/ansia; collera/aggressività; abbattimento/depressione/tristezza).

Istinto intrinseco del cervello rettiliano: sopravvivenza.

Il cervello dei condizionamenti

Piacere e dolore sul piano psichico

- ✓ La missione del cervello limbico è quella di scrivere e sfruttare un numero massimo di comportamenti riflessi, di condizionamenti, nell'ottica di ottimizzare l'inserimento sociale. L'obiettivo del cervello limbico è chiaro: permettere lo sviluppo qualitativo e quantitativo della società umana (o animale).
- ✓ La sua azione rientra nel campo dei riflessi.
- ✓ Le sanzioni positive o negative inflitte dal cervello limbico vanno dal piacere alla sofferenza, a livello psichico.
- ✓ Il cervello limbico pensa e agisce autonomamente, in complementarità ma anche in competizione con il terzo cervello (neocorticale).

L'istinto associato al cervello limbico è l'istinto gregario (istinto materno, istinto di competizione eccetera).

Il cervello dell'intelligenza

Felicità / Malessere

✓ Il cervello neocorticale (prerogativa dell'essere umano) è la sede di ogni forma di intelligenza, logica e immaginativa, analitica e intuitiva, razionale e creativa.

✓ Incita l'uomo a esprimere sempre più compiutamente il proprio essere profondo e, in caso di successo, la ricompensa che elargisce è la sensazione di felicità, molto più profonda e durevole rispetto alle sensazioni di piacere fisico e psichico prodotte dagli altri due cervelli. La sofferenza che dispensa è invece la sensazione di infelicità, di mancata realizzazione, di vuoto esistenziale, di pessimismo cosmico.

L'istinto associato alla neocorteccia è quello della scoperta, che porta l'uomo e l'umanità a spostare costantemente in avanti i propri limiti.

La felicità è la normalità

Siamo muniti di «istruzioni per l'uso» che ci consentono di essere felici in ogni circostanza, perfino nella malattia, nella povertà e nel lutto.

La felicità non ha nulla a che vedere con il piacere, né fisico, né psichico. Per trovarla, e per riuscire a tenersela, «basta» sforzarsi costantemente di essere se stessi, di esprimere in modo autentico ciò che abbiamo dentro di noi. «Basta» ascoltare i propri sogni fino in fondo.

Ma occorre restare vigili, perché fra i nostri diversi cervelli può sempre esplodere un conflitto: la parte «riflesso», limbica, e la parte «riflessione», intelligente e neocorticale. Quando l'intelligenza si trova in disaccordo con i pensieri automatici, il terzo cervello, che è preposto alla sopravvivenza dell'individuo, aziona il campanello d'allarme sotto forma di un'emozione (paura, collera, tristezza).

Le emozioni sono quindi il nostro migliore alleato per trovare o preservare la felicità, perché ci avvertono della minaccia rappresentata da pensieri automatici fuori luogo. E ci permettono di rimediare, in modo pienamente consapevole, ridando alla nostra intelligenza lo spazio che le spetta.

I quattro stati dell'umore

- ✓ *Stato di attivazione dell'azione*. È lo stato di base, fisiologico, di un animale evoluto, ossia dotato di due cervelli (quello limbico e quello rettiliano). La condizione di base di una macchina perfettamente funzionante, pronta ad attivarsi senza ostacoli. Ma è una tranquillità che viene stravolta in caso di emergenza.
- ✓ *Stato di fuga*. Spinge automaticamente l'animale ad allontanarsi il più in fretta possibile. Le funzioni metaboliche si alterano per favorire il consumo di energia e la mobilitazione della muscolatura impegnata nella corsa. L'emozione associata a questo stato è la *paura*, incontrollabile, irrazionale, perché per definizione si tratta di una reazione riflessa. Attenzione, contrariamente a ciò che si crede, la paura non è sistematicamente legata alla presenza di una minaccia. Spesso si prova paura in assenza di pericolo, e viceversa.
- ✓ *Stato di lotta*. Spinge l'animale a combattere. Subentrano modifiche metaboliche che mettono l'individuo nelle migliori condizioni fisico-emotive possibili per sconfiggere l'eventuale avversario (aggressività, frequenza cardiaca, tono muscolare, afflusso di sangue). L'emozione associata è la *rabbia*, ma non si dimentichi che è possibile lottare anche senza rabbia, in piena «felicità», ossia senza aggressività.
- ✓ *Stato di inibizione dell'azione*. Spinge l'animale all'immobilità, «spegnendolo». Le funzioni vitali, come la respirazione e la digestione, rallentano, dandogli così più probabilità di passare inosservato. L'emozione associata è l'*abbattimento*, una repentina manifestazione depressiva che porta con sé la prostrazione.

Fatti per essere felici

In sintesi

- ✓ Gli esseri umani sono concepiti per essere felici. Tutti, senza eccezioni!
- ✓ La felicità è la radiosa sensazione di pienezza che ci pervade quando siamo noi stessi, quando esprimiamo il nostro essere profondo.
- ✓ A ogni sensazione gradevole nell'uomo corrisponde una funzione biologica, psicologica o spirituale: il piacere fisico guida l'individuo verso la sopravvivenza, il piacere psichico incita all'integrazione sociale, il piacere neocorticale (la felicità) guida l'uomo al compimento del suo destino biologico e trascendente.
- ✓ La felicità è dunque peculiare dell'essere umano, perché legata alla parte neocorticale del cervello, sede dell'intelligenza razionale e intuitiva.
- ✓ A impedirci di essere felici sono certe convinzioni, o certi condizionamenti, in genere risalenti all'infanzia o scritti nel nostro codice genetico, che ci rendono impossibile essere noi stessi. Anche se poco numerosi, questi freni possono rivelarsi molto potenti, specie se non se ne ha coscienza.
- ✓ Per combatterli più efficacemente, è possibile smascherarli grazie a un meccanismo messo a punto di recente da Jacques Fradin sulle orme di Henri Laborit. Questo meccanismo individua nelle emozioni la spia di un conflitto fra intelligenza e condizionamento che impedisce di esprimere il proprio essere profondo, e quindi di raggiungere la felicità, ma anche di compiere il proprio destino biologico e trascendente.
- ✓ Ecco perché è importante capire a fondo il ruolo essenziale delle emozioni, finora interpretate e sfruttate in senso opposto a quella che sarebbe la loro vera funzione.
- ✓ Scegliere la felicità dipende solo da noi. È solo questione di rimboccarsi le maniche, perché:

segue

1. È ben più piacevole vivere felici che infelici!
2. La felicità permette di ottimizzare tutte le funzioni vitali, fisiche e psichiche.
3. Coltivare la propria felicità è l'unico modo di rendere felici gli altri (nel senso che abbiamo dato alla felicità in questa sede!).
4. La ricerca attiva della propria felicità è forse il miglior modo di onorare il grande disegno di vita in cui è stato collocato l'essere umano.

Definite la vostra filosofia

- ✓ Per essere felici, occorre anzitutto esprimere ciò che si pensa davvero, ciò di cui si è convinti nel proprio intimo.
- ✓ Occorre quindi darsi il tempo di riflettere e di partorire la propria filosofia neocorticale.
- ✓ Dedicate un quarto d'ora al giorno a scrivere sul vostro personale «libro di filosofia» ciò che pensate a proposito dei temi che più vi stanno a cuore.
- ✓ Scrivete così la vostra filosofia personale, conservatela, rileggetela, affinatela e... applicatela!

Gestite le emozioni

- ✓ Per imparare a gestire le proprie emozioni, non vi è nulla di meglio che osservare gli altri.
- ✓ È così che si capisce di essere spesso tristi, agitati o aggressivi, ossia lontani dal proprio «stato di normalità».
- ✓ Ma non essere se stessi significa non essere liberi di esprimersi davvero, perché dominati dal cervello limbico, dallo stress.
- ✓ È dunque essenziale essere in grado di individuare quegli stati emotivi così frequenti e così dannosi per noi e per chi ci sta accanto.
- ✓ È una ginnastica che si tramuterà ben presto in abilità prima, in una vera e propria arte poi.
- ✓ Non esitate a prendere appunti la sera, sul vostro «diario di bordo», su tutte le constatazioni che avrete accumulato nel corso della giornata. Poiché spesso le nostre constatazioni sono a dir poco fugaci, vi consiglio di tenere sempre a portata di mano un registratore tascabile.

Meditate un quarto d'ora al giorno

- ✓ La palestra del cervello è il silenzio. E lo stretching. La meditazione contempla questi due requisiti. Attuata due o tre volte al giorno, la pratica della meditazione servirà a proiettarvi letteralmente verso la felicità. E verso il benessere fisico!
- ✓ In conclusione: un quarto d'ora per lavorare alla propria visione della vita, alla propria *filosofia*. Un altro quarto d'ora per la meditazione. In totale, trenta minuti da dedicare alle emozioni e all'osservazione degli altri. Non è perciò questione di tempo, ma di atteggiamento, di apertura, di costanza, anche nelle situazioni più disparate: in riunione, per strada, con gli amici o in famiglia.
- ✓ A questo stadio del nostro percorso l'impegno richiesto è di mezz'ora al giorno da investire nelle due esercitazioni principali: un esercizio *cognitivo*, che mette all'opera l'intelligenza, e un esercizio *comportamentale*, il tutto equivalente a mezz'ora di «pennichella». Già perché, non ve l'avevo ancora detto, ma la meditazione è più efficace del sonno: più si medita, meno si ha bisogno di dormire. (Ovviamente solo fino a un certo punto!)

«Masticate» bene la vita

- ✓ Basta correre dietro al tempo! Così si rischia di non vivere.
- ✓ Occorre prendere coscienza della ricchezza di ciascun momento dell'esistenza: in questo modo la vita sarà meno frenetica, ma anche molto più intensa, vissuta in maniera più efficace e, soprattutto, con maggiore felicità.
- ✓ Approfittatene per esercitarvi quando siete in ritardo, o quando temete di non riuscire a fare tutto ciò che vorreste. Bisogna fare di meno, per essere di più!

A ogni cervello la sua arte

- ✓ L'«arte rettiliana» esprime una percezione dei sensi, colorata e sensuale. Il suo motto è: *Esprimo ciò che sento.*
- ✓ L'«arte limbica» tenta di assomigliare a qualcosa: è imitazione di un precedente, imitazione della natura, persegue l'obiettivo attraverso la definizione di norme, di canoni di bellezza. Il cervello limbico organizza una gerarchia in campo estetico, elabora una scienza del bello, una forma di accademizzazione alla quale tutti devono sottostare: artisti, studenti, fruitori. Il suo motto è: *Esprimo ciò che credo di dover esprimere.*
- ✓ Infine, l'«arte neocorticale» corrisponde all'espressione creativa e autentica di un'idea. Non cerca di produrre né del «bello», né del «buono». Il suo motto è: *Esprimo ciò che ho voglia di esprimere o che sento come «vero», come «giusto».*

La ginnastica della felicità

In sintesi

La felicità presuppone un vero allenamento, con esercizi piuttosto semplici, ma da eseguire con regolarità.

- ✓ In primissimo luogo, occorre lasciare al pensiero profondo la possibilità di esprimersi. Scrivere ogni giorno il proprio personale «libro di filosofia».
- ✓ Osservando gli altri, è possibile scoprire il funzionamento delle emozioni che ci impediscono di essere noi stessi.
- ✓ Prendere un minimo di distacco dalla vita sociale ricorrendo a quindici minuti di meditazione due volte al giorno.
- ✓ Prendersi del tempo e prendere coscienza di ogni istante vissuto. «Masticare» la vita.
- ✓ Eliminare ogni senso di colpa che è indiscutibilmente il peggior nemico della felicità.
- ✓ Abituarsi a sorridere anziché a drammatizzare.
- ✓ Nell'esistenza, ogni azione è un'opera da creare. La vita va concepita come una grandiosa opera d'arte.
- ✓ La ricerca della felicità è un'ascesi che implica anche una dieta adeguata. Coltivare l'istinto alimentare.

Il cammino verso la felicità	
INFANZIA	✓ Piaceri rettiliani *Bere* *Mangiare* *Dormire* *Essere accarezzati* ✓ Piaceri limbici *Essere apprezzati* *Essere considerati* *Essere protetti* *Giocare* *Vincere* *Sedurre*
ADOLESCENZA	✓ La neocorteccia rivendica il suo spazio accanto al cervello limbico, che rimane saldamente arroccato. ✓ La personalità innata cerca di imporsi su quella acquisita. ✓ I conflitti interiori uniti alla crescita ormonale scatenano le tempeste emotive.
ETÀ ADULTA	✓ Le tempeste emotive si placano. ✓ Fanno la loro comparsa i piaceri neocorticali, anticipazione di ciò che, a poco a poco, diventerà la felicità: *Essere se stessi* *Fare progetti* *Fiducia nelle proprie forze*

segue

ETÀ ADULTA	✓ I condizionamenti bloccanti, a seconda delle vicissitudini, vengono progressivamente distrutti. ✓ La personalità si consolida. ✓ Gli stati d'urgenza diminuiscono in frequenza e intensità. ✓ La felicità piena si afferma.

Rimettiamo il mistero della morte al centro della vita

- ✓ La nostra società spinge sempre più in là nel tempo il momento del decesso, il che, di per sé, è una buona notizia. Ma questa conquista della medicina e della democrazia non deve farci dimenticare che noi siamo mortali. Per dare un genuino senso alla vita, dobbiamo ricordarci ogni giorno di questa verità.
- ✓ La morte va sdrammatizzata. Farne oggetto di un grande dibattito internazionale aiuterebbe a fare il punto su tutti gli aspetti del problema e a rimettere il mistero della morte al centro della nostra vita.

La medicina della felicità

- ✓ La società occidentale è imperniata sul bisogno di combattere, retaggio del mondo bellico e sportivo.
- ✓ Dobbiamo metterci in testa che si tratta solo di un condizionamento: la vita non è una lotta e noi non siamo attorniati da nemici, né siamo il nemico di noi stessi, anzi!
- ✓ Anche la malattia non è un nemico da combattere, ma il segno di una disfunzione, che ha un senso del quale bisogna andare in cerca, un po' come hanno un senso le emozioni. Ricordiamoci dei precetti di Ippocrate: *Natura medicatrix*, *Primum non nocere*. E cerchiamoci dei medici che abbiano, nei confronti della salute, questo approccio.

Ritroviamo le finalità dell'amore

- ✓ Tutto ciò che ci capita risponde a una finalità, a livello individuale e/o a livello di specie. È ciò che emerge dall'analisi psicofisiologica dei comportamenti umani. L'amore è l'espressione di un bisogno, come la fame o il dolore. E questo bisogno ha un senso.
- ✓ L'*amore rettiliano* è fisico, governato dai sensi e dall'istinto di sopravvivenza, fra cui l'istinto alimentare.
- ✓ L'*amore limbico* è fatto di riflessi ed è il portato dei nostri condizionamenti o dei nostri istinti gregari (istinto materno o paterno).
- ✓ L'*amore neocorticale* esprime le esigenze della nostra intelligenza: progetti di vita, trascendenza.
- ✓ Per volere bene agli altri, occorre anzitutto volersi bene. Jacques Salomé asserisce che non si deve cercare di fare felici gli altri (cosa che non funziona), ma se stessi, e quindi offrire in dono la propria felicità.

La politica: un gusto da ritrovare

- ✓ Dalla sua nascita, il genere umano ha compiuto passi strabilianti, grazie all'energia, alla curiosità e all'intelligenza dell'uomo.
- ✓ Una delle sue invenzioni più belle è la democrazia: organizza i progressi, stimola la creazione e la distribuzione della ricchezza, dona la pace.
- ✓ Ma la democrazia presuppone il concorso di tutti. Dobbiamo permetterci di sognare, di continuare a immaginare un mondo migliore, senza per questo criticare il passato o il presente. Il progresso è questione d'amore e di entusiasmo, mentre alla critica si accompagnano la sterilità e la chiusura in se stessi.
- ✓ Ecco qualche progetto che potrebbe farci progredire verso la felicità: dar vita alla Federazione degli Stati Uniti del mondo, convocare il Forum della felicità e/o organizzare una fondazione della felicità.

A scuola di felicità

- ✓ Uno dei propositi di questo libro è dimostrare che la felicità è un obiettivo legittimo e alla portata di tutti. La felicità non è un fine in sé, ma un mezzo per esprimere il proprio essere profondo e contribuire così al progredire del sapere e al senso dell'esistenza umana.
- ✓ La scuola è un luogo privilegiato per insegnare questi nuovi valori e va quindi ridefinita negli obiettivi e nei programmi.
- ✓ Un bambino non può essere felice perché la sua età non gli consente ancora di esprimere il suo essere profondo, tuttavia può comprendere le dinamiche e la finalità della felicità, come quelle del piacere, e abituarsi a distinguerle.
- ✓ Con le nostre attuali conoscenze, la scuola potrebbe divenire un autentico vivaio di persone felici.

Ritratto dell'impresa neocorticale

L'azienda ispirata alla ricerca della felicità è quella in cui:

- ✓ Vi è un progetto forte e chiaro che raduna attorno a sé gli azionisti e conferisce un senso all'impresa.
- ✓ Tutti nutrono *rispetto* per gli altri e *fiducia* in se stessi. Tale rispetto, tale fiducia si basano su regole del gioco note a tutti, corrispondenti a una filosofia e a un'etica discusse spesso a livello sia di organici, sia di azionariato.
- ✓ La realizzazione di tutti è la chiave della performance del gruppo.
- ✓ La comunicazione si fonda sull'autenticità e sulla trasparenza.
- ✓ La creatività è per tutti fonte di realizzazione.
- ✓ Un ampio inserimento di disabili consente di rimettere in discussione atteggiamenti e abitudini, favorendo così il progresso collettivo.
- ✓ Lo spazio riconosciuto all'arte incita a vedere la vita sotto un'altra ottica, a praticare l'autenticità, a ricercare l'estetica come fonte di efficienza e metro di adeguatezza.

Una nuova ragione per credere

Se ciò che chiamiamo «Dio» ha inventato il piacere per gli animali, e la felicità per gli esseri umani, evidentemente l'ha fatto per condurci verso un senso. Dio esiste perché è così che noi designiamo la forza che ha dato vita alla natura, all'universo, all'uomo. Certo, non sappiamo *chi* Egli sia, né perché Egli abbia fatto tutto ciò. Ma sappiamo ormai di poter scegliere: o ci incamminiamo verso il nostro destino con la gioia nello sguardo, la felicità nel cuore e manifestando in modo fiducioso il nostro essere profondo; oppure decidiamo di andarci pieni di rancore, di rimostranze per le nostre sofferenze, le nostre debolezze, i nostri limiti, l'ingiustizia umana e quella divina, con il bel risultato di renderci la vita impossibile!

A voi la scelta.

Finito di stampare nel febbraio 2011
presso la Mondadori Printing S.p.A.
Stabilimento N.S.M. di Cles (TN)
Printed in Italy